大樂文化

會長領航 K線戰法

120張圖抓住 關鍵買賣點

來自 3 萬小時的「紀律交易」，
精彩呈現股市輕鬆賺錢法！

作者

YouTube 教學累計千萬觀看人次
台灣首席短線選股 APP 作者
台股大學堂會長 Johnny

目　錄

目 錄

目 錄

找到主流部隊打群架，
才是最簡單的賺錢法！

● 為何要看會長的書？因為他能幫你抓住買賣點

繼會長的第一本書《會長教你用100張圖學會K線當沖》，介紹了做當沖的入門訣竅，第二本書心心唸唸的是，告訴讀者在台股上千支的股票當中，如何利用訊號快速找出飆股，建立標準化操作。在你從初學者變成進階玩家之後，必須開始建立標準化投資程序，規劃適合自己的盤中交易屬性，瞭解適合自己的的戰場，並選擇這個戰場去操作，勝率才會高。

所有的技術指標都是由股價和成交量組成，基本面、消息面或籌碼面都可以被製造，只有技術型態是真實的。依照型態操作，觀察價與量的關係，用最真實的東西去操作，才是回歸交易的本質。

● 一大堆股市的新聞術語，你確定有聽懂嗎？

新手進行短線交易會經歷三個階段：

第一階段：初學者一定會輸錢，目標設在少輸就是贏。

第二階段：學習一段時間後，投資有輸有贏，目標設在要打平。

第三階段：勝率越來越高，透過加碼與減碼，目標設在增加每一單的獲利。

打開電腦瀏覽證券公司的股市網站，看到電視上名嘴天花亂墜地

說，那一支股票漲停板、基本面業績又創新高、外資投信續買、雙資行情開跑、台股週線連2紅、外資終止連5週賣超。對於這些股市的新聞術語，你確定有聽懂嗎？

有些人可能在聽到後，摩拳擦掌馬上衝進去買，覺得自己就要大賺，開心得不得了。但是，開始賺了3%，一有波動就心情緊張。突然漲停，心裡七上八下：是不是應該停利？如果是飆股，吃不到大大的魚尾巴豈不可惜？

看出問題了嗎？沒錯，你的策略在哪裡？如果沒有建立可以產生勝率的策略，你在股海裡永遠是被收割的韭菜。

● 先找出強勢主題族群，再尋找買賣點

強勢主題族群打群架的類股，是風險最低且勝率最高的股票。那麼，族群打群架是由誰帶頭呢？

綜觀2020至2021年的行情，最令人印象深刻的強勢族群是航運類股。**每一個族群的誕生，都會有所謂的「主流部隊」，也就是我們俗稱的一線股。通常，要等一線漲完一大段之後，二線才會起來跟著漲，而不管是一線股或二線股，都有各自的領頭羊在帶動。**

要怎麼找到族群的領頭羊？最簡單的方式是從「型態」與「價量」判斷。每一個準備起漲的族群，從個別產業的K棒來看，幾乎都是屬於多方趨勢，例如航運就是多方趨勢、型態又強的典型案例。

會長自己有個習慣：軟體盤中收錄「漲停股」清單，一檔一檔點進去看族群表現。

1. 收錄漲停股原則：族群裡有人漲停是首選，因為夠強勢。

2. 只要族群性夠強，一支接一支漲停並非不可能。

3. 找有族群性、連動度高的前3檔個股來操作，短線上會更輕鬆。

4. 一底比一底高要優先收錄,代表這檔可能有主力大戶在顧。

當族群老大率先漲停,且老二、老三、老四都強勢,就有機會陸續漲停,而市場心態則是:若老大漲停買不到,我買老二,若老二漲停買不到,我買老三,然後依此類推。

因此,可以歸納出:先個別觀察族群性,確認族群性是否強勢,往下找第二、三名的個股,比對型態、K線及成交量,再決定要不要操作。

● 保持紀律交易、風險永遠擺第一

奉勸所有剛進入股市的人:「有輸過的人才會痛。」新手不要急著學技巧,應該先建立正確觀念。對會長來說,沒有賺到錢無妨,不要賠本才是關鍵,因此永遠把風險擺在第一位。而且,防守非常重要,什麼時候該停損出場?什麼時候該獲利了結?不論是短線或長線交易,這些都是應該優先思考的課題。

絕對不要因為過度自信,而放棄紀律、膨脹本金,比如說,手感好的時候就All in,只為了賭明天翻倍。新手做短線時,切記「有多少錢做多少事」,一旦槓桿越玩越大,只要一次大賠就翻不了身。會長是過來人,深知這種致命心態往往導致一堆散戶投資沒幾年就畢業。

市場永遠是對的,我們只能猜測,公司營收好,代表股價趨勢有機會往上。既然已提到「趨勢」,為什麼不把重點放在源頭呢?無論任何新聞消息、財報數字、產業資訊,只要看價量的趨勢就好,趨勢永遠不會騙你,為什麼?因為這是真金白銀堆疊出來的結果。

　　此外，還有更多精彩、重要的內容收錄在本書中，會長期待自己的經驗能幫助各位讀者在投資路上走得長遠，並穩穩獲利！

第 1 篇

基本練功房

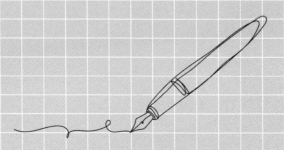

PART 1

4 大投資鐵律，
就像憲法一樣重要

「群眾心態」製造風向，吸引投資人進場

　　很多投資人初入股市，其實都沒有事先做任何準備，通常是進場在市況大好時，比如航海王，一堆人聽左右鄰居買航海王賺錢，聽他們分析完看好的點，稍微了解一下基本面，又研究完新聞面覺得不錯，就跑進來跟著買了。

　　市況大好時，左右鄰居通通賺錢，驅使你想跟著投入，錢放銀行效率太差、利率太低，也讓你想跟著進場。

　　以2020～2021最夯的航運族群為例。新手出入股市不外乎有些人比較幸運，可能是60幾塊、70幾塊、100多塊進去，漲到200多塊，大賺走人。這屬於贏家幸運級。

　　但是，也有人等到利多出盡才進場，進去時剛好遇到航運股高點跟著下殺，賠了一屁股。這屬於輸家後知後覺級。

● 跟著基本面走對嗎？

　　很多人進入股市後，認為基本面好、股票就是會漲，跟著基本面走就對了，卻不知在股票市場裡，基本面只是我們看到的表象。

　　這不代表基本面沒有用，而是我認為初入股市的人不要先去了解基本面。為什麼呢？因為基本面會造成一個人的迷思，就像近期航海王公告出來，消息都很好、EPS也都無疑慮，但股價就是會跌。

● 股票／股價定義──就是群眾心態

「股票」就是群眾，「股價」就是群眾心態。群眾心態就像你買東西一樣。

舉例來說，2021年5月台灣疫情爆發，**政府公告確診人數暴增187例，當天發生什麼事情？超市全部擠爆。這就是一種群眾心態。**而且，不是只有台灣這樣，世界各國都是如此。

那時大家瘋狂搶購衛生紙，請問衛生紙真的會漲價嗎？現在都有免治馬桶了，需求量有大到一次得買一年份嗎？甚至有人在討論衛生紙不是只有擦屁股，也可以擦臉擦手，那幹嘛不用毛巾呢？就只知道新聞在報哪間超市一堆人搶購，等一下我也要去買。這就是群眾心態。所以，進入股票市場第一步，我們要先了解群眾心態。

● 造風者

再來，要引起風潮，必定會有所謂的造風者出現，媒體屬於「製造風向」最典型又常見的例子，不論股票也好、財經也好、生活也好，媒體不都是在製造風向嗎？回歸到投資股票的最源頭，到底該看基本面、技術面，還是消息面？關於這三者，我不會給大家答案，只能說一句「凡走過必留下痕跡」。

一件商品要漲價之前，一定會出現很多前置作業，比如常常缺貨買不到，然後價格開始逐步往上漲，這是最常見的。到底是價格先調漲，還是先缺貨？我講白一點，價格調漲類似基本面變好，但好的前提就是缺貨。

在會長這一派裡，座右銘是群友們歸納出的4句箴言：「停損及時、部位控制、型態為王、價量為真。」進入股市之前，參透這4個原則，你絕對不會大賠。接下來談談這4個原則的重要性。

「停損及時」要做最壞的
打算，設定損失、保住本金

　　風險意識是指，你做任何事情都必須想到最壞一面。

　　你要結婚，最壞一面是什麼？離婚嘛！生小孩的最壞一面是你接下來開銷會變很大。好處呢？結婚代表你開始不是一個人在漂泊了，而且國外統計過，單身的人壽命都不長，反而有結婚、尤其是有小孩的人，壽命都很長，理由是什麼？單身的人平常沒事，也沒有家人，自然有不少時間做自己喜歡的事情，卻不見得是對自己有益處的。

　　很多人獨處喜歡喝酒，但喝過量就像慢性毒藥，不斷侵蝕健康。至於生小孩，不只生活開銷會暴增，你還要從小照顧、一路陪伴到長大，這段成長歷程當然會對你造成不少限制，但換個角度想，好的一面是什麼？等你老了，孩子說不定會成為你心靈上的慰藉。

● 最大損失落在哪裡

　　停損的概念很關鍵，而且是你在股票市場上本來就應該具備的。成熟投資人做每一件事情前都得評估，比如要買進一檔股票，不能只看它好的一面，現在大部份人幾乎都會參考本益比，推估如果自己現在進場，未來可以賺多少錢？但假設你是在股票市場被摧殘很久的老鳥，你應該會先這樣思考：某一檔個股不錯，但做這個交易的最大損失會落在哪裡？

● 跌破壓力、支撐

　　我先控制最大損失，然後讓獲利自由發展，這就是停損的概念。獲利發展有很多種方式，但是我認為停損只有一種。當你進場前，要先模擬最大停損。看好某支股票，一定有某個看好的原因，但不如預期時應該要怎麼做？

　　會長每一次在對盤勢的脈絡時，很多用戶都說會長抓得很到位，那是因為我觀察盤勢時，一定會做盤前規劃，但如果實際開盤出來跟規劃不一樣，該怎麼辦？我當然要開始防守。**盤前規劃最重要的想法就是：你最大的損失在哪裡？當盤勢不如預期，第一關該怎麼防守？一旦第一關防守潰堤，接下來準備停損。這就是我經常設定壓力與支撐，觀察該價位是否被跌破的原因。**

　　你進場前要先有基準值，它與停損會相隔一段區間，按照這個價位去觀察，在基準值之上代表強勢，在基準值之下代表不夠強，必須隨時防守，一旦跌破，馬上就走。要把這樣的觀念深植在你的腦海裡，支撐、壓力跟跌破，每次進場前都要先把它擺在第一位。

　　支撐以上代表符合預期，可以持續觀察或逐步加碼。支撐跌破怎麼辦？先停手觀察市場風向，此時你基本上處在一個隨時準備放棄的階段，必須綜觀盤勢和市場氛圍，來決定要提早停損還是撐到支撐跌破，而這個區間是每個人可以彈性拿捏的。

「部位控制」關乎你會不會痛，
看對方向再加碼

　　部位控制的問題有幾個：有些人不斷賺小錢慢慢累積資產，就像打麻將連胡十把，手氣太順了，往往讓你在最後一盤加碼更多，同樣概念換到股市操作上，就是逾越了原本既有的部位，這時候就必須特別小心。

　　操作股票的心態需要長時間淬鍊，而這又與你的資金部位有一定關聯，假設你所有資產加起來5千萬，拿500萬出來玩股票，就算賠了50萬頂多罵一下，對你的資產整體影響很小；但你資產只有100萬，全押進去一樣輸50萬，那影響可不是在開玩笑。在不論賺賠的狀態下，什麼樣的部位能讓你心態保持穩定，就是最好的部位控制。

● 控制可曝險部位 —— 不要想著贏，先思考輸了會怎麼樣！

　　如果每天的輸贏控制在1～3萬，那投入的總市值最好落在10萬左右，留10％的空間讓它跑，（10萬×10％＝1萬）在遵守紀律的狀況下其實很難一天就賠到10％，為了控制部位，你應該反推回來問自己，我最多可以接受一天輸多少？

　　因此不要想著贏，先思考輸了會怎麼樣！比如會長可以接受每天輸贏50萬，那我的曝險部位最多就是500萬，部位控制在於你要去核算：每天最多可以輸多少？畢竟部位攸關你的持股信心。

● 當沖的控制部位

有不少人在問：我做當沖又不用準備本金，反正當天就會賣掉，需要控制部位嗎？我認為你還是要堅守部位控制的策略，股票永遠不是因為資金壓得多才賺得多，**當你逾越可接受的虧損範圍，就算選對標的、順向漲到收盤，你也抱不住。**

因為在本來就不打算留單的狀態下，只要上漲賺錢你就想走，後面那段根本賺不到；另外一種狀況是，有些人跌的時候只會抱著，為什麼？因為股價一跌下來超越你今天可以容忍的範圍，不想認賠最後就只好凹單。

● 資金效率最大化

部位控制跟操作當下的心態及穩定度有很大關聯，你**要能夠先參透一天最大虧損的容忍度，再來反推可操作的資金大小。說白話一點當然也可以很簡單：有多少錢做多少事。**

手上有100萬就買100萬市值進場，會有一種狀況是，一買股價就往上漲拉開空間，加深持股信心，中間被洗一下也沒關係，你不會因為賺錢就想賣掉它，畢竟持股是可以留單的，轉弱再出場都來得及，這就比較符合正規的短線交易模式，讓資金效率最大化，也不會因為逾越投資部位導致自己凹單。

1-4

「型態為王、價量為真」用來選股，找趨勢也找族群

● **趨勢、價量**

談到趨勢與價量，來看一下大盤指數的月線（圖1-1），首先要明白什麼能觀察到趨勢？當然是價格的概念，為什麼有日、週、月線，就是區分短中長期的狀態，趨勢很簡單，漲勢、跌勢、盤整三種大家都看得懂，重點是趨勢發生的當下你做了什麼？趨勢跌破為什麼不賣？因為不想輸。

請想想我的4句箴言，前面2句最重要，**停損及時跟部位控制永遠是搭在一起的，當部位放太大造成虧損，第一時間你絕對賣不下手，即便自己知道應該要賣，而造成這個狀況的主要原因就是部位放太大。**

舉例來講（圖1-1）：大盤指數的月線最近處於強勁多方，在這段時間做多非常容易，就算稍微盤整，趨勢上來看還是屬於多方，畢竟月線按月刻一次，短線幾天做整理、長線趨勢仍然沒變，這就是最好用來判斷型態的模式。

短線整理有很多種，我們另外再細談；至於長線整理本身就有一個基準值在，簡而言之就是5T線（近5日收盤價的平均成本），當日線跌破5T線代表趨勢走弱，意味著這5天買進的人幾乎都套牢。同樣

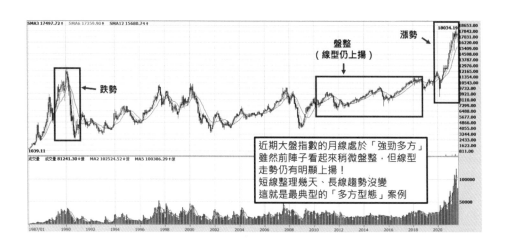

圖1-1　趨勢、價量看最強k線　　　2021.08.13 加權指數月線圖

的邏輯，站在月K的角度也是一樣，月K跌破5T，代表這5個月內買進的人幾乎都套牢，在這種趨勢下做多容易嗎？當然不容易。

● **型態為王、價量為真**

　　型態和價量是選股用的！先看大趨勢→族群性→最後才是個股。

　　以加權指數週線來看（圖1-2），短天期的5T、10T、20T全都破了，至於月線就更不用說！從長、中、短推演回來：長線轉弱、週線轉空、日線已經處於空方，趨勢型態自然是往下，這時候要做多自然要保守，套用「型態為王、價量為真」的觀念去練習，把時間縮小到最近慎選目標，停損也要更嚴格。

　　個人定義價量為K棒，你要會對應左邊的K線圖去找支撐與壓力。以大盤目前的位階來看，到底是可以低接還是往下操作？

　　邏輯很簡單，看K棒跟價量，型態就是趨勢，幫助你判讀現在盤勢對多方有利還是空方？再來價量為真，最重要的就是價格呈現，加

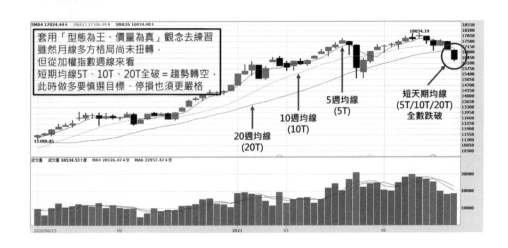

圖1-2 型態為王 　　　　2021.08.13 加權指數週線圖

套用「型態為王、價量為真」觀念去練習
雖然月線多方格局尚未扭轉，
但從加權指數週線來看
短期均線5T、10T、20T全破＝趨勢轉空，
此時做多要慎選目標、停損也須更嚴格

20週均線
(20T)

10週均線
(10T)

5週均線
(5T)

短天期均線
(5T/10T/20T)
全數跌破

上量能足夠明顯，**有價有量才會出方向**。以近5日大盤走勢來看，價格已跌200多點、量能也是近一週相對大的，就符合「價量為真」的邏輯（圖1-3）。

● 大盤→族群→找趨勢

　　大盤是以所有股票為因子集結而成，當大盤趨勢向下，幾乎大多數股票都會跟著往下跌；從族群性來看，哪一些族群走空？這時候要用到所謂的「基準值」。

　　我個人認為只要用5日均線（5MA）就夠了，依序從短天期、中長線一關一關檢查，趨勢不只能用來選股，還可以幫助你判斷做哪一個方向更有利，做股票就該往阻力小的地方去，依照目前市場氛圍及型態可以看出，趨勢往下的力道更大，這時候自己就要明白順勢交易應該以空方為主；但如果你是只做多的該怎麼辦？趨勢向下做多並不容易，當然就先收手不玩。

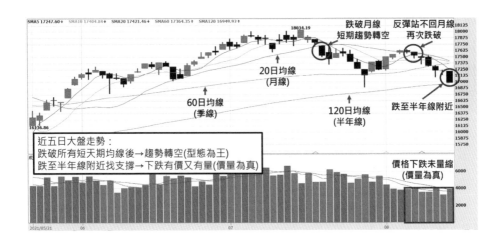

圖1-3　價量為真　　　　　　　　　2021.08.13加權指數日線圖

圖表標註：
- 跌破月線 短期趨勢轉空
- 反彈站不回月線 再次跌破
- 20日均線（月線）
- 60日均線（季線）
- 120日均線（半年線）
- 跌至半年線附近
- 近五日大盤走勢：跌破所有短天期均線後→趨勢轉空（型態為王）／跌至半年線附近找支撐→下跌有價又有量（價量為真）
- 價格下跌未量縮（價量為真）

　　更何況選到逆勢股的機率並不高。「趨勢」你只要記住5日線就夠了，其他的線我認為都不重要，哪怕股價一直跌、5日線永遠都下彎也沒關係，只要破就是先落跑，等它站上5日線再來觀察。

　　按照會長經驗，特別是當大盤殺長黑、破低、出量的時候，市場往往都不覺得隔一天還會有低點，為什麼？因為大家都不喜歡空嘛！但當大盤出量拉長紅呢？大家就開始覺得今晚可以安心睡，明天開高把握十足，這又是為什麼？因為我們比較喜歡做多，遇到空頭只會覺得它跌的莫名其妙，隔天一定會反彈。

　　這種觀念是完全錯誤的，只要按照客觀事實去推估明天的走勢就好，如果不這樣做，事實上你只是在瞎猜而已。以這週加權指數的價量來看，只能推估週一大盤高機率還有低點，但殺完會不會反彈？不知道。當然要以當日的盤勢為準，比如開低殺低醞釀反彈，再來就要看氣勢，一樣圍繞在價量做觀察。

　　奉勸初入股市的朋友，「停損及時、部位控制、型態為王、價量

為真」4句箴言一定要記在心裡。

型態是用來判斷趨勢、選股操作。價量是進場前用來做沙盤推演、設定支撐壓力跟跌破價格用的，不管做順勢或逆勢交易都適用，當你能做好這4點，並套用進自己的操作策略，一定可以進出股市穩穩獲利。

操作心態部位控制 ━━━

不管是當沖或是波段操作,部位需要控制
得宜,若投入的部位會大到影響生活,便
無法平心靜氣的操作、無法遵守紀律,進
而出現操作失誤。

先有紀律，再靠運氣！
輸錢不可怕，最怕一直輸

有時候用戶會來找我聊，說他們每次凹單都有老天保佑可以順利下車，但在我眼裡看來都不是好事，回想我自己的經驗就知道，這次凹過還有下次，當你陷入每天輸輸贏贏的輪迴，就是不紀律停損、瘋狂凹單惹的禍。

● 經常小輸先停手找原因——鎖定高勝率時段再操作

紀律非常重要，做久了你才會進化，即便被洗也是很小的部位。也有很多人照紀律做卻每天停損，其實應該這樣想：你做這種交易才多久？有真的完全參透嗎？當你每天都在小輸，為何不停手先整理一下狀況，換個方式再來呢？比如只鎖定某個勝率最高的時段，記好那一些會讓你賺錢的型態、價量、族群，機會還沒來就不出手，能夠做到這樣的人，我相信月獲利一定都是正報酬。

● 輸錢不可怕——最怕你一直輸！

輸錢不可怕，可怕的是你一直輸！你要知道輸在哪裡、你要改變輸的原因，就算剩30％的資金也能東山再起，大盤每天四個半小時，你只要選定半小時集中精神專心做單，千萬不要打全場，那些贏錢的人往往只把心力放在最關鍵的時刻。

要重新開始，就下定決心好好做，那些賣掉的股票都別再留戀。漲上去你會罵、跌下去你會爽，但那又如何？早就不關你的事情了，沒有這種決心，你就沒辦法做好買賣股票。在股票市場不停損的人終究會死，早晚而已，賠錢的痛永遠記得，狠下心停損你才會進步。

PART ②

3 個技術分析邏輯：
均線、量能與走勢

均線顯示盤中多空交戰的結果，告訴你趨勢在哪裡

- **均線分成兩大類**

  長天期均線──代表長期趨勢

  短天期均線──短線交易關注的主軸

  由5日、10日、20日均線所組成。

- **短天期均線**（圖 1-4）

  短天期的均線之首：5日線（圖1-5）

  均線代表一整天盤中多空交戰過後的「結果」，市場上普遍在看的「均線」也都是以每日收盤價為基礎去平均。

  股價站上5日線，且5日線上揚↗有機會走出一波漲勢↗，股價若跌破5日線，且5日線下彎↘容易出現一波跌勢↘。

- **短線的買賣時機**

  站上5日線＋5日線翻揚→買進。

  跌破5日線＋5日線下彎（可有可無）→賣出。

- **長天期均線**（圖 1-6）

  長天期均線架構：由60日（季線）、120日（半年線）、240日

圖1-4 短天期均線　　　2021.09.03 陽明（2609）日 K 線圖

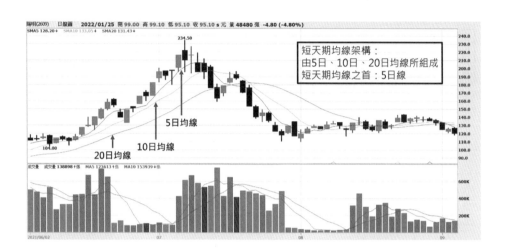

短天期均線架構：
由5日、10日、20日均線所組成
短天期均線之首：5日線

5日均線

10日均線

20日均線

圖1-5 短線趨勢之首：5日線　　　2021.09.03 陽明（2609）日 K 線圖

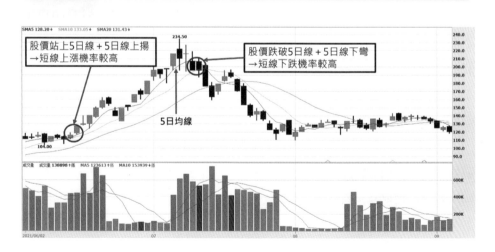

股價站上5日線＋5日線上揚
→短線上漲機率較高

股價跌破5日線＋5日線下彎
→短線下跌機率較高

5日均線

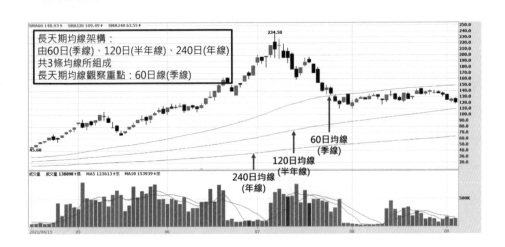

圖1-6　長天期均線　2021.09.03 陽明（2609）日 K 線圖

長天期均線架構：
由60日（季線）、120日（半年線）、240日（年線）
共3條均線所組成
長天期均線觀察重點：60日線（季線）

60日均線
（季線）

120日均線
（半年線）

240日均線
（年線）

（年線）共3條均線所組成。

　　長天期均線觀察重點：60日線（季線）（圖1-7），長期＝台股生命線。短線跌至季線附近可以找買點，即便短線走空，5日/10日線下彎，只要長天期均線仍上揚，短線跌至60日線（季線）附近都是可能的買點。

　　長波段投資者喜歡在60日線（季線）附近佈局，跌破60日線→長線趨勢走空（與跌破5日線→短期趨勢走空同樣道理）。

　　短線急跌至季線附近不要急著買。（圖1-8）就算跌破季線也不要去撈底，不管撈對撈錯，都會把你手上的資金卡死很長一段時間。

　　陽明（2609）跌破季線如果去撈底，資金會被卡死一整段區間。

圖1-7　　台股生命線：季線　　　　2021.09.03 陽明（2609）日 K 線圖

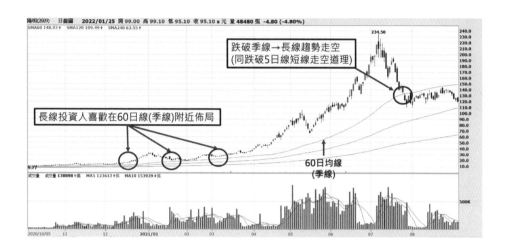

> 跌破季線→長線趨勢走空
> （同跌破5日線短線走空道理）

> 長線投資人喜歡在60日線(季線)附近佈局

> 60日均線
> （季線）

圖1-8　　短線急跌至季線附近　　　　2021.09.03 陽明（2609）日 K 線圖

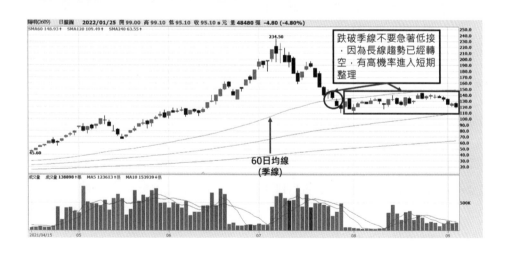

> 跌破季線不要急著低接，因為長線趨勢已經轉空，有高機率進入短期整理

> 60日均線
> （季線）

用「量能簡單觀察法」抓方向，漲假的看量就知道

　　左邊K抓歷史，右邊K推估未來，突破越多根左邊K，代表多方強度越強，跌破越多根左邊K，則代表空方強度越強。

　　先用肉眼判斷是否為區域盤整箱型區間（圖1-9），以收盤價為基準去對應＋畫線框住，提醒自己在股價接近箱型上緣或下緣時要特別留意。

　　對應最近左邊收盤價：上面找壓力；下面找支撐。

　　看整體型態：抓區間高低點畫出箱型。

　　注意5日線翻揚角度→沿著5日線操作即可（圖1-10）

* **趨勢交易牢記下面 2 個不要碰，就不會被套到。**

　　1. 跌破季線且在季線之下

　　2. 跌破5日線＋5日線下彎

　　案例：陽明（2609）

　　自漲升格局結束後（圖1-11），已不符合趨勢交易做多條件。

　　目前處於盤整格局（箱型整理），以2021.09.03收盤價為基準

　　收盤價：120.50

　　左邊K壓力：125.00

　　左邊K支撐：117.00

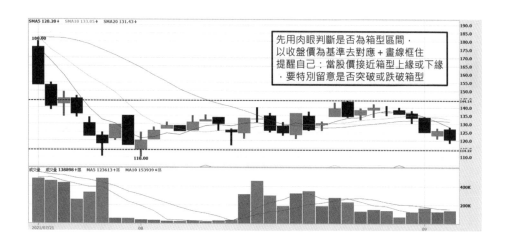

圖1-9　箱型區間 2021.09.03　　陽明（2609）日 K 線圖

先用肉眼判斷是否為箱型區間，
以收盤價為基準去對應＋畫線框住
提醒自己：當股價接近箱型上緣或下緣
，要特別留意是否突破或跌破箱型

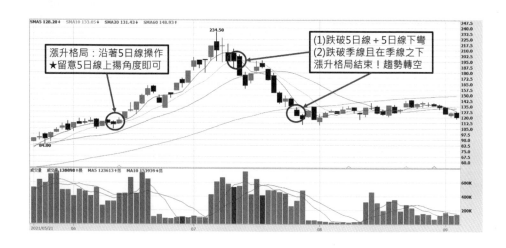

圖1-10　漲升格局　　2021.09.03 陽明（2609）日 K 線圖

漲升格局：沿著5日線操作
★留意5日線上揚角度即可

(1)跌破5日線＋5日線下彎
(2)跌破季線且在季線之下
漲升格局結束！趨勢轉空

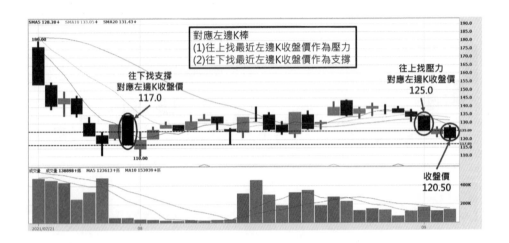

圖1-11　對應左邊 K　　　2021.09.03 陽明（2609）日 K 線圖

對應左邊K棒
(1)往上找最近左邊K收盤價作為壓力
(2)往下找最近左邊K收盤價作為支撐

往下找支撐
對應左邊K收盤價
117.0

往上找壓力
對應左邊K收盤價
125.0

收盤價
120.50

　　對應左邊K棒（圖1-11），往上找最近左邊K收盤價作為壓力，往下找最近左邊K棒收盤價作為支撐。

速度很重要 ━━━━

做短線「速度」很重要，快速決策可以協助投資者更快執行進場與停損。加快選擇標的的速度，這只能勤做功課以及不斷累積的經驗。

6 個當日走勢因子透露關鍵 買賣點，讓你賺到飽飽飽

- **量能觀察法──牢記 2 個口訣**
  - ✔ 量縮就是整理！（無論大盤或個股）
  - ✔ 出量就是帶方向！（無論漲勢或跌勢）

- **出量帶方向，沿著均線角度判讀方向即可**
  - ✔ 出量收紅K，＊多方態勢（圖1-12）
  - ✔ 只要量能是紅的＋K棒是紅的＝進貨量
  - ✔ 出量收黑K（綠K），＊空方態勢（圖1-13）
  - ✔ 只要量能是綠的＋K棒是綠的＝出貨量

  漲勢格局出現黑K，短線進入整理→防守！短線整理必須量縮，整理完只要收復前段跌幅，都還有機會見高點（照原趨勢進行）。

  整理格局，量縮跟著均線趨勢走
  - ✔ 橫盤整理表示價格平穩
  - ✔ 往上（多）整理↗
  - ✔ 往下（空）整理↘

圖1-12 　 出量帶方向多方態勢 　 2021.06.15 陽明（2609）日K線圖

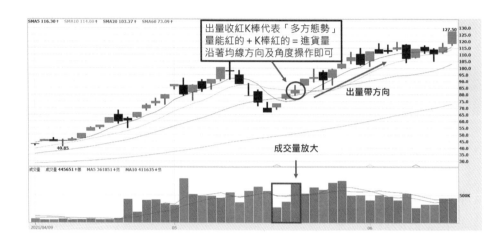

出量收紅K棒代表「多方態勢」
量能紅的＋K棒紅的＝進貨量
沿著均線方向及角度操作即可

出量帶方向

成交量放大

圖1-13 　 出量帶方向空方態勢 　 2021.06.15 陽明（2609）日K線圖

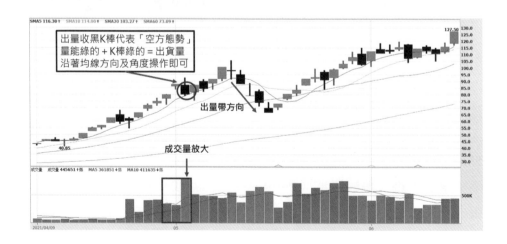

出量收黑K棒代表「空方態勢」
量能綠的＋K棒綠的＝出貨量
沿著均線方向及角度操作即可

出量帶方向

成交量放大

- ## 重要因子整理
  - ✔ 開盤價
  - ✔ 早上高
  - ✔ 趨勢線前高/前低
  - ✔ 均價線
  - ✔ 5分T
  - ✔ 壓力（H）與支撐（L）
  - ✔ 檢測儀

- ## 趨勢線（圖 1-14）

  代表股價發展趨勢。

  趨勢線的前高/前低（圖1-15）從目前位置對應今日左邊盤整區間的支撐與壓力。

  陽明（2609）當日走勢，前高＝126，前低＝125

  突破前高→上漲機率大，跌破前低→下跌機率大

- ## 均價線（圖 1-16）

  屬於當日「成交」的平均價格，較能反映真實的狀況。

  與5MA（5日線）完全不同，5MA是代表收盤價格，代表無論今天在漲停板/跌停板成交多少張，只要收平盤，今日盤勢就不會對5MA造成影響，因此無法顯現最真實的價格波動狀況。

  舉例來說，假設陽明（2609）今日總共成交1萬張，其中有5千張成交在121，3千張成交在122，剩下的2千張都成交在120。把上述所有的價格乘以張數後，再除以總成交量，所得出的平均價格＝121.1，就是陽明（2609）當日均價。

  ※計算過程

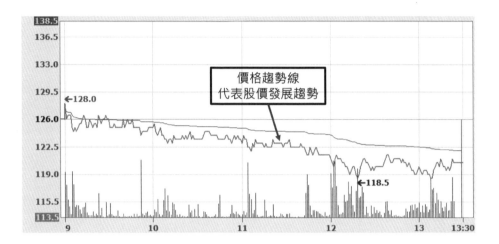

圖1-14　趨勢線　2021.09.03 陽明（2609）當日走勢

價格趨勢線
代表股價發展趨勢

←128.0

←118.5

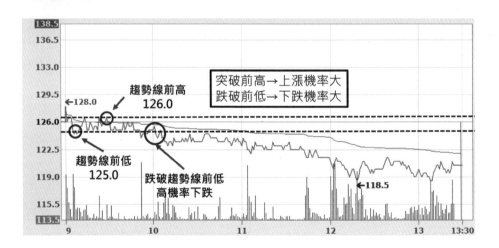

圖1-15　趨勢線前高／前低　2021.09.03 陽明（2609）當日走勢

趨勢線前高
126.0

突破前高→上漲機率大
跌破前低→下跌機率大

←128.0

趨勢線前低
125.0

跌破趨勢線前低
高機率下跌

←118.5

$$5,000 \times 121 = 605,000$$

$$3,000 \times 122 = 366,000$$

$$2,000 \times 120 = 240,000$$

$$(605,000+366,000+240,000)/10,000 = 121.1$$

簡單二分法判讀

股價在均價線以下發展，當日往下跌機率高↘

股價在均價線以上發展，當日往上漲機率高↗

均價線vs.趨勢線

兩者同屬「價格概念」→都會帶出趨勢方向！

價格趨勢線（當日價格走勢）是領先指標：會跑在均價線（白線）前面。

假設早盤在陽明（2609）跌破趨勢線前高時放空，價格趨勢只要沒有站回均價線之上，空方就不需要太擔心（圖1-17），像這個案例就是典型的空方趨勢盤：股價在均價線之下＋趨勢線向下。

• K線分類

主流K線：分為日K、週K、月K；同理，單日K線也能以「分」為單位往下細分。

日內K線：分為1分K、5分K、15分K、30分K、60分K，市場上主流看這5個區間。

• 5分T（圖1-18）

5根「5分K」收盤價平均＝1根5分T，概念等同於5日線，可以把它當作「5分K」的均價線。這是極短線（當沖）重要指標。但不要問會長為什麼不用1分K、2分K、3分K當基準？因為市場大多數人看的都是5分K，因此較具參考意義。

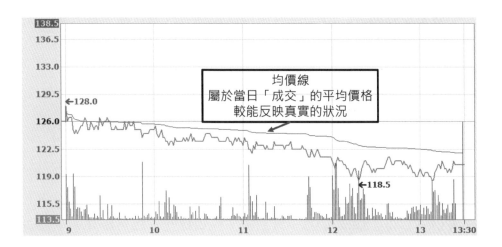

圖1-16 　均價線 　　　　　　　　　　2021.09.03 陽明（2609）當日走勢

均價線
屬於當日「成交」的平均價格
較能反映真實的狀況

←128.0

←118.5

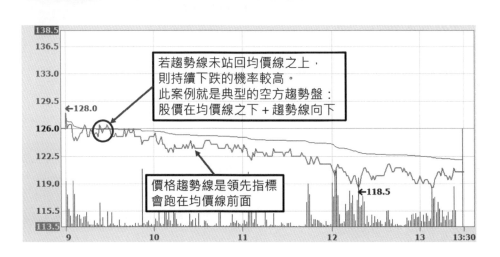

圖1-17 　均價線 vs. 趨勢線 　　　　　2021.09.03 陽明（2609）當日走勢

若趨勢線未站回均價線之上，
則持續下跌的機率較高。
此案例就是典型的空方趨勢盤：
股價在均價線之下＋趨勢線向下

←128.0

價格趨勢線是領先指標
會跑在均價線前面

←118.5

（1）當價格跌破5分T→下跌機率高

（2）當價格站上5分T→上漲機率高

盤中反彈站上5分T，可能只是代表空方攻擊停滯、進入短線整理，並不代表一定會繼續上攻。

● 支撐（L）與壓力（H）（圖1-19）

一般分為H2、H1、L1、L2

H：往上對應左邊K棒後呈現出的「壓力」，在目前價格之上。

L：往下對應左邊K棒後呈現出的「支撐」，在目前價格之下。

以2021年9月3日早盤陽明（2609）盤整時為觀察點：股價往下跌破L1→找下一個支撐L2→再跌破（極短線空方趨勢確立）→繼續往下設支撐＋壓力。

當日走勢操作重點：牢記「往上找壓力、往下找支撐」。H1壓力突破找H2，L1支撐跌破就看L2，依此類推，都被突破或跌破就重新畫線，對應左邊K棒找新區間的支撐與壓力。

● 5日累均——近5天成交價平均成本（圖1-20）

白線——串連近5日均價線

大量區＝126

若跌破→容易形成套牢壓力

案例：陽明之所以會處於空方趨勢，除了跌破均價線之外，最主要原因是它跌破了5日累均（近5天成交均價）。

＊站上5日累均＝必定站上5日線。若短線跌破5日累均，基本以上走空居多。

圖1-18	5分T	2021.09.03 陽明（2609）5分T走勢

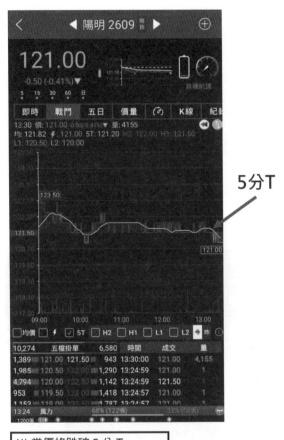

5分T

(1) 當價格跌破5分T
→下跌機率高

(2) 當價格站上5分T
→上漲機率高

盤中反彈站上5分T
可能只是代表空方攻擊停滯
並不代表一定會繼續上攻

圖片來源：台股大學堂APP（僅為示意圖，非當日股價表現）

| 圖1-19 | 支撐（L）、壓力（H） | 2021.09.03 陽明（2609） |

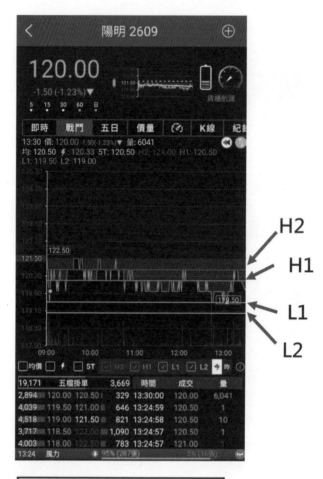

當日走勢操作：
牢記「往上找壓力、往下找支撐」
H1 壓力突破找 H2
L1 支撐跌破就看 L2
都被突破 / 跌破就重新畫線
對應左邊 K 棒找新區間的支撐 & 壓力

圖片來源：台股大學堂 APP（僅為示意圖，非當日股價表現）

| 圖1-20 | 5日累均 | 2021.09.03 陽明（2609）5日累均 |

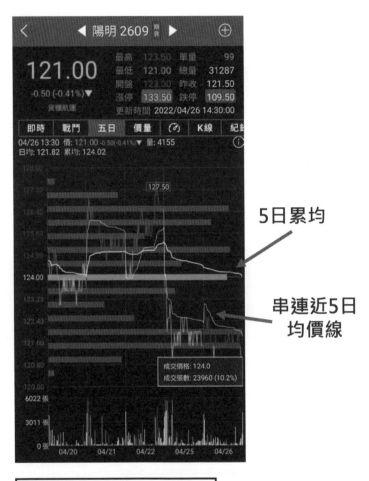

站上 5 日累均＝必定站上 5 日線！
若短線跌破 5 日累均基本上走空居多

圖片來源：台股大學堂 APP（僅為示意圖，非當日股價表現）

PART 〈3〉

對應左邊 K 棒，
抓支撐與壓力

3-1

走過必留下痕跡，用「左邊 K 棒對應原則」找支撐與壓力

　　會長25年來歸納出不少K線型態，就像一檔飆股的誕生，最初期就是K棒很強，再來造就均線翻揚。不過，均線上揚往往只是過程裡的一種表徵，單純研究K棒走勢就要配合成交量，才能理出統括的看法。

　　比如某檔股票在區間緩慢推升，突然間波動拉開來，**最好的表徵就是K棒突然變長，開高走高收長紅／開平走高收長紅／開高走低收長黑**，這些都是價格劇烈變動的表徵，自然得搭配成交量來觀察，接下來才是回顧當日可能造成劇烈震盪的大事件，比如新聞消息面等。

　　左邊K棒概念：一檔股票從上市以來「每一天」的走勢要怎麼回顧？看日K。**K棒就是每天開盤、收盤、最高、最低四個價格組合出來的圖案**，同時包含當時的成交量。

　　那麼，左邊K棒怎麼對應？

　　第一步：先看近期K棒逐步對應（1日/3日/5日/7日）至多縮圖對應3個月，以當日為基準往左邊推近一週的K棒。

　　第二步：圖縮小看關鍵K（長紅/長黑），把讓價格波動變劇烈的關鍵點位找出來。這裡要特別注意，除了基本長紅長黑之外，K棒有沒有帶跳空缺口？有沒有帶大量？這些也都是需要優先觀察的。

　　第三步：等K棒都確認後，接下來才看型態，推估K棒要如何走

才能延續整體趨勢。

　　通常我們看K線型態，大概有60％都是自由心證，也可說是個人盤感，所以大量練習才會如此重要。會長個人做功課流程就是：**先看K線→把一堆股票篩選進來→找看看有沒有族群性→族群性強的優先→挑出個股→研究K線→蒐集市場訊息。**

3-2

實戰案例：創惟（6104）族群性強且姿態美，就會創新高

2021年7月13日，會長先從族群性強的股票當中撈出創惟，看到當日紅K棒，整體而言，我會優先注意姿態問題，從低點反彈至今有沒有機會修復姿態轉為多方？

有！為什麼？對應左邊K棒（圖1-21）可以看出，目前反彈即將進入頭部，而當日收盤價74，往上找最近的壓力，對照左邊大量K（圖1-22）會落在74.9、74.5、78.2這3個價位。（註：通常先看紅K是因為好觀察！為什麼？大部份時間股票都在盤整，所以黑K偏多，要找連續漲勢標的自然優先選擇有明顯紅K。）

如果會長做交易，這一波先對應到波段起跌點75.4元，它同時也是反彈上來頸線的位置，K棒收紅且離今日收盤價不遠。若點位設太遠，當天不會到，那完全沒有意義。單就個股來說，要做短TICK的人不管支撐或壓力，都要儘量找距離目前股價10％以內的價位；但若目標是加權指數就不一樣了。

通常大盤單日漲幅1％就算是「大漲」，所以個人在觀察加權指數時，會習慣抓3％為範圍，在目前點數的正負3％以內，尋找壓力與支撐價位，而且只看「收盤價」。為什麼？因為收盤是一整天累積下來的結果，除非沒有辦法對應（比如再創新高），我們才會姑且看一下開盤價。

圖1-21　　對應左邊 K 棒原則　　2021.07.31 創惟（6104）日 K 線圖

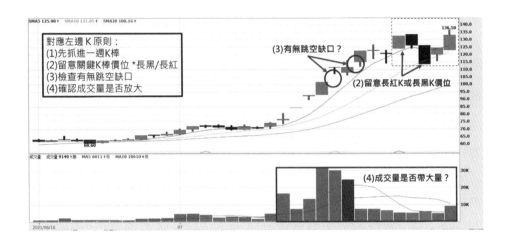

對應左邊 K 原則：
(1)先抓進一週K棒
(2)留意關鍵K棒價位 *長黑/長紅
(3)檢查有無跳空缺口
(4)確認成交量是否放大

(3)有無跳空缺口？

(2)留意長紅K或長黑K價位

(4)成交量是否帶大量？

圖1-22　　對應左邊大量 K 點位　　2021.07.13 創惟（6104）日 K 線圖

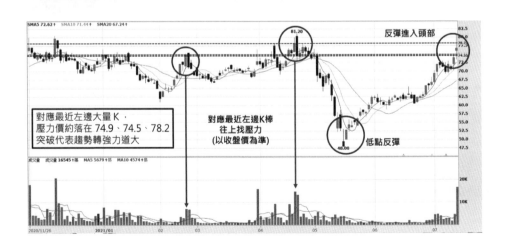

對應最近左邊大量K，
壓力價約落在 74.9、74.5、78.2
突破代表趨勢轉強力道大

對應最近左邊K棒
往上找壓力
(以收盤價為準)

反彈進入頭部

低點反彈

● 不看最高最低，只看開收盤！

至於最高點、最低點其實都可以不用看，因為那通常都是市場追價出去的，參考價值非常低。參考價值最高的是開盤價、收盤價，因為那是整個市場的共識。

依照創惟（6104）這個案例來看，假設要從今日收盤價74元推估明天，對應左邊K棒整個姿態修正起來的點位（圖1-23）：不要太遠，太遠沒有意義，畫一下就可以對應到左邊K棒75.4元為壓力。隔天開盤站上75.4元，往左邊開始找下一個壓力點76.3元，壓力只要被突破，就可以成為你的防守點位。股價一路來到78.2元，沒有辦法繼續找，就拿最高點81.2元來對應。

當左邊K棒無壓力，要遵守的原則是什麼？**抓左邊最近2根K去做防守**。但假設是追漲停的狀況，用5日線有時候會太遠，乖離太低回檔很容易輸死，隔天用開盤高於3～5％的概念做防守即可，開不到3％準備賣，開5％稍等一下，拉到漲停就可以抱著繼續等。

假設今天碰到一檔股票有帶量長紅K，基本上這根是不可以跌破的，大量長紅跌破代表有一堆人套牢，所以氣勢很容易轉弱。

● 如何從月線抓股票？

其實月線也一樣，用最基本的技術分析來看即可，發動條件如下：首先是要站上所有均線，因為月線天期非常長，站上所有均線代表長線來看已經處於多方架構；如果沒站上所有均線，要繼續等才有機會開始修正起來。

以點序（6485）為案例（圖1-24），站上所有均線是40元，下面成交量雖然比較小，但是也有稍微擴充，用K線姿態對應左邊月K，整體頸線位置在55元，另外一根低點54.7元、還有55.8元，因此可以得出：整個姿態要修正，必須站上55.8元的位置。

圖1-23　　對應波段起跌點　　　　2021.07.13 創惟（6104）日 K 線圖

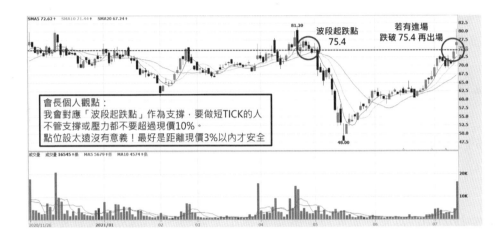

波段起跌點
75.4

若有進場
跌破 75.4 再出場

會長個人觀點：
我會對應「波段起跌點」作為支撐。要做短TICK的人
不管支撐或壓力都不要超過現價10%。
點位設太遠沒有意義！最好是距離現價3%以內才安全

圖1-24　　對應左邊月 K　　　　2021.07.31 點序（6485）月 K 線圖

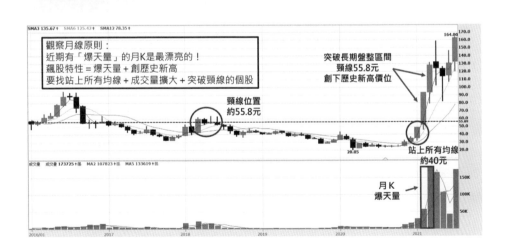

觀察月線原則：
近期有「爆天量」的月K是最漂亮的！
飆股特性＝爆天量＋創歷史新高
要找站上所有均線＋成交量擴大＋突破頸線的個股

頸線位置
約55.8元

突破長期盤整區間
頸線55.8元
創下歷史新高價位

站上所有均線
約40元

月 K
爆天量

　　看月線只要掌握一個原則：要攻擊時，近期有爆天量的月K是最漂亮的，尤其是突破長期型態修正或頸線的位置。再次強調兩個簡單判讀方式：**站上所有均線、帶大量，以月K角度，能帶天量最好，很多飆股都是爆天量創歷史新高才會飆。**

● <u>左邊 K 棒總結</u>

　　第一關：要對應近一週距離今日收盤，往左邊推去上下找相對應的支撐與壓力，至於跌破點基本上用均線的角度去看就好，比如跌破5日線就走。

　　第二關：把圖縮小，因為大部份在盤整過程都是黑K居多，所以要找明顯的紅K，尤其特定的更要抓出來觀察，比如大波動紅K、出量長紅、帶跳空長紅。

　　第三關：站上哪一個位置，整體姿態會修正起來？比如底型站上頸線位置，就要去抓對應K棒找壓力，一旦突破就可以幫助你確立趨勢。

　　左邊K一定要長期觀察才會懂，經驗多了才能看得快，建議大家平常多加練習。

部位過大影響停損機制 ─

投越多的錢，就越容易焦慮，影響到整個停損機制。部位要控制得宜，有多少錢，做多少事。要有「就算沒有這筆錢，我也不會怎樣」的心態。

PART ④

3 高 2 低布局：
由強弱因子判讀多空

4-1 平盤價、開盤價、均價線，讓你知道市場與主力的強弱

短線當沖、隔日沖、短波段交易有很多因子雷同，不過短波段相較當沖比較沒有那麼敏感，因為當沖與隔日沖必須抓到極強標的，有時候盤中一波下殺，就可能出場換其他目標。

短波段設定：3天、5天、最多8天。

358法則→漲勢連續K

口訣→高高皆過，低低不破、今收 > 昨收

與前一日K比較高點都有過，低點都沒破，收盤高於昨日收盤!

即符合一路觀察3天/5天/8天抱小波段。

● <u>平盤價──昨天的收盤價，多空分界點</u>

平盤價以上──多方走勢↑

平盤價以下──空方走勢↓

單就當日走勢判讀，直接觀察平盤價即可。會影響整體K線型態/趨勢的是收盤價，不在本篇討論範圍。

開盤 < 昨日收盤──強（收紅）↑

開盤 > 昨日收盤──弱（收黑）↓

開盤與收盤為集體撮合成交在同一價位，故一定程度地代表了市場及主力的共識，因此會長特別重視開盤價與收盤價。

平盤價：159.00

開盤價：162.00

收盤價：174.50，**收盤價大於開盤價→今日收紅K**

（圖1-25）在股價開高狀態下，只要維持順向發展，收盤時價格高於開盤價，K棒就會收紅，可以有效延續多方攻勢。

● 考慮量能因子的「均價線」——平均成交價格，看趨勢發展

K棒的收盤價、開盤價皆屬於「單一價格」，而均價屬於「當日所有成交價格的平均」，因此兩者在概念上有很大的不同。觀察K棒還是要看開盤＋收盤，以決定是否收紅。

均價線可用來判斷市場上大部份交易者的持有成本。當一支股票要往上漲，均價線絕對要越拉越高，但均價線的斜率會因為「成交量」而有所不同。所以，觀察當日走勢時，必須把「均價」與「成交量」一起納入參考（圖1-26）。

當均價線與當日價格趨勢線距離（乖離）越來越大，代表絕大部份的成交量都成交在較低的價位；而均價線後期走勢之所以較為平緩，是因為只有極少部份成交在高價位，不會突然拉高整條均價線，所以牢記均價線會與成交量連動的概念即可。

● 均價線 vs. 當日價格走勢（圖 1-27）

均曲線上漲＋有量能堆疊 ↗上揚

均曲線上漲＋無量能 →走平（整理）

看一檔股票的趨勢應該以均價線為主，而非當日走勢。因為當日走勢只有單純呈現「價格」；而均價線才有把「量能」因子考慮進去，把價量同步納入會更具參考性。

早盤均價線與當日價格走勢亦步亦趨往上走，這是「價格＋量能

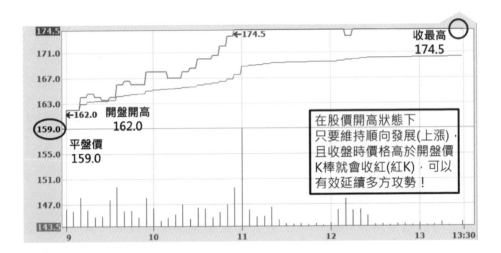

圖1-25　股價開高收紅　2021.06.11 萬海（2615）當日走勢圖

在股價開高狀態下
只要維持順向發展(上漲)，
且收盤時價格高於開盤價
K棒就會收紅(紅K)，可以
有效延續多方攻勢！

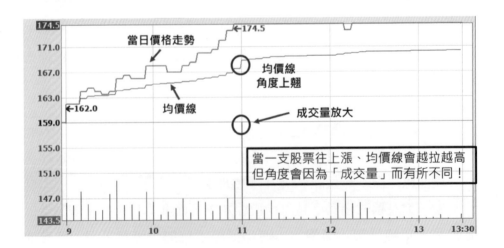

圖1-26　均價與成交量連動　2021.06.11 萬海（2615）當日走勢圖

當一支股票往上漲、均價線會越拉越高
但角度會因為「成交量」而有所不同！

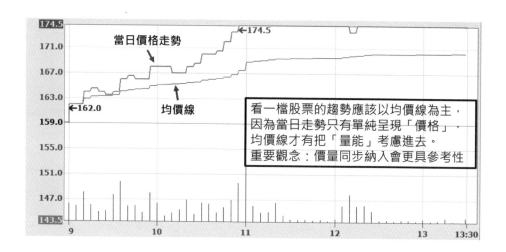

圖1-27　均價線與當日價格走勢　2021.06.11 萬海（2615）當日走勢圖

（圖中標示）
- 當日價格走勢
- ←174.5
- 均價線
- ←162.0

看一檔股票的趨勢應該以均價線為主，因為當日走勢只有單純呈現「價格」，均價線才有把「量能」考慮進去。
重要觀念：價量同步納入會更具參考性

同時堆疊」的結果，也就是越往上漲，成交越多，進而導致均價線與當日價格走勢同步上揚。

　　中後段均價線（白線）走勢趨於平緩，可以稱為無量上攻或賣盤惜售，只是單純價格往上漲，而沒有量能的堆疊。

● 當日走勢多空判斷

　　對短波段而言，在均價線與開盤價之間的任何發展都屬於多方進行式。當你今天選定族群、挑好股票要買進，它至少要在平盤價之上，才有值得佈局的機會。如果找不到平盤價之上的股票，那代表今天沒有適合進場的買點。當均價線掉到介於平盤價與開盤價之間，這時候屬於多方整理格局，也不要有動作，單純觀察就好。

均價線位置	平盤價之上	平盤價之下
開盤價之上	多方偏強（收紅）	多方整理（收紅）
開盤價之下	空方整理（收黑）	空方偏強（收黑）

4-2

3 高 2 低分批進場，第一筆 先試單，做多突破才加碼

短波段佈局準則	3 高	2 低
會長習慣：將手上資金分為 5 筆單量，執行分批買進策略。	股價突破前高 →買進	股價回跌至均線附近 →低接
	股價回跌至均線附近 →低接	股價突破前高 →買進
	股價突破前高 →買進	—
對應左邊 K 棒	簡單判斷方式： 抓近期 10 天（近 2 周）總共 10 根 K 棒作為對應範圍。	以昨天收盤價格為基準。往上找距離昨收最近的 2 根 K 棒收盤價作為壓力，往下找距離昨收最近的 2 根 K 棒收盤價作為支撐。

● 案例：長榮（2603）

　　開盤價：115.5

　　平盤價（昨收）：113.5

　　收盤價：124.0

　　左邊K棒抓支撐與壓力的判斷方式（圖1-28），會因個人經驗差異而有所不同。所以本篇統一錨定，以進場日為基準，往前抓近10天（2周共10根K棒）內的左邊K棒壓力。

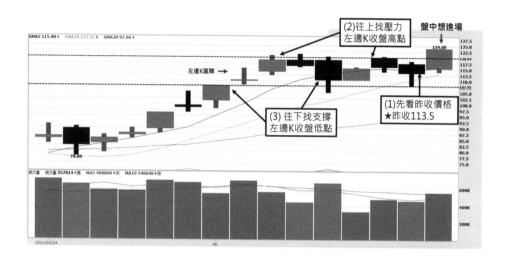

圖1-28 進場前對應左邊 K 棒 　　2021.06.11 長榮（2603）日 K 線圖

進場前，對應左邊K棒抓最近10根K棒（2周）＊以價格為主！

（1）先看昨收：113.5

（2）往上找壓力：**高於昨天收盤價最近的2根K棒**收盤價＝115.5、116.0

（3）往下找支撐：**低於昨天收盤價最近的2根K棒**收盤價＝108.0、110.5

● **案例：長榮（2603）（圖1-29）**

當日走勢判斷關鍵價位▼

開盤價：115.5

平盤價（昨收）：113.5

收盤價：124.0

對應左邊K棒▼

壓力——H1：115.5；H2：116.0

支撐——L1：110.5；L2：108.0

早盤站上開盤價突破左邊K棒壓力

會長習慣：09:05之前不要有動作，暫且觀望，先等第一根5分K出來；或是09:30前後，均價線較明確再說。

09:30前突破後被壓回，首先確認左邊K棒支撐＋開盤價是否被跌破，當拉回不破低點，重新站上均價線的那一刻就是買進時機。（遵守短波段3高2低的進場原則，先下第一筆單即可，跌破平盤價停損。）

● 短波段 3 高 2 低——分批進場觀念

只要在「開盤價」以下，沒有任何進場或加碼的機會。

策略不見得每次都會對，為求安全起見才會分批操作。

● 短波段——當日佈局時機

✔ 3高

第1筆——**進場！**09:05～09:30（突破壓回找買點）

第2筆——**追價買！**09:45～10:00（量能擴增＋再創高）

第3筆——**買尾盤！**12:00～13:30（尾盤創高再追）

✔ 2低

中盤10:00～12:00——不追高、只低接

（當股價接近均價線再執行低接操作，低接價位不要離均價線太遠。）

● 短線乖離過大（圖 1-30）

當短線價差急拉開來，會發現價格與均價線的乖離擴大。一旦當

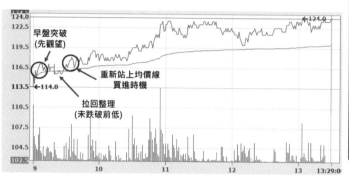

圖1-29　突破左邊Ｋ棒壓力　2021.06.11 長榮（2603）當日走勢

早盤突破
（先觀望）

重新站上均價線
買進時機

拉回整理
（未跌破前低）

←114.0

關鍵價位▼
開盤價 - 115.5
平盤價（昨收）- 113.50
收盤價 - 124.0

對應左邊K▼
壓力
H1 - 115.5
H2 - 116.0

支撐
L1 - 110.5
L2 - 108.0

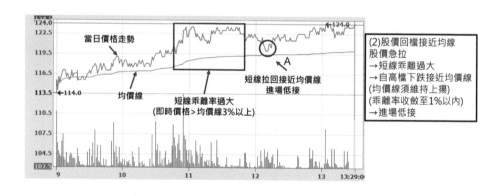

圖1-30　短線乖離率過大　2021.06.11 長榮（2603）當日走勢

當日價格走勢

均價線

短線乖離率過大
（即時價格＞均價線3%以上）

短線拉回接近均價線
進場低接

A

←114.0

(2)股價回檔接近均線
股價急拉
→短線乖離過大
→自高檔下跌接近均價線
（均價線須維持上揚）
（乖離率收斂至1%以內）
→進場低接

日價格與均線乖離達3～3.5％附近，就要特別警戒，通常會進入整理（為了收斂價格與均價線靠攏），一般來說有2種收斂方式。

（1）高檔橫盤整理

股價急拉→短線乖離過大→密集性成交在高價位→帶動均線往上拉→成功收斂乖離率。此時沒有你的進場機會，等收斂完成再說。

（2）股價回檔接近均線

股價急拉→短線乖離過大→高檔反折下跌接近均價線（均價線仍持續上揚/乖離率收斂至1%內）→低接。

A字處就是第1筆「低接」單的理想進場點位，無論均價線破或不破，都可以先買1張。

● 短波段案例總結：接長榮案例（2603）

進場價位回顧

收盤價格：124.00

買進均價：120.50

✔ 3高

（1）116突破拉回買進

（2）117.5成交量擴大＋價格創高

（4）124尾盤價格再創高

✔ 2低

（3）121價格下跌接近均價線，短線乖離收斂接近1%

（5）124尾盤壓回再接（假設直接買最高）

● 短波段口訣

分批進場，做多加碼有突破才追買。

第1筆：跌破平盤價就停損。

低接只能接2次：切割時段整點觀察，回檔時均價線上揚才可以低接。

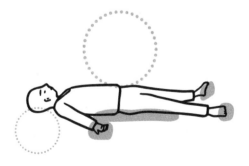

非常不順，
就休息吧 ——————

非常不順，就休息吧！當發現自己
操作十分不順，只要進場就賠錢的
時候，給自己放幾天假，心態調整
好之後再出發吧！

PART 5

用進場與防守的訣竅，抓住買賣點

5-1

抓買賣點的 3 大指標：早上高、開盤價、均價線

當日走勢找買賣點：除了早上高、均價線、開盤價之外，還有哪些指標需要留意？

以下重點，買賣當沖、低接留單都適用。

一般人抓當日走勢買賣點，大多會看分K（1/5/15/30/60分K，短線較常看1/5分K），但我習慣看當日走勢，為什麼？因為現在的成交制度是「逐筆撮合」，以前5秒撮合一盤，60分鐘頂多30盤，現在是1秒鐘就可能成交好幾盤。所以，即便你看的是1分K（過去1分鐘成交的累積），也會慢別人半拍，這就是為什麼要看當日走勢的原因。

當日走勢3大重點指標：開盤價、早上高、均價線，只要這3條線被跌破，基本上盤勢就容易走弱，因此掌握這3個價位，才能幫助自己設停損與停利點。

跌破均價線、跌破開盤價，可不可以找買點？不是不行。以下分享幾個基礎觀念，可以用來判斷盤中買賣點：

· 找出當日走勢成交量最高（爆量）點位為防守。

· 爆量＝市場共識、主力發動敲量引起市場關注。

· 一旦這個點位跌破，代表趨勢有極高機率轉弱，因此當日必須抓「大量點」作為停利或停損價格。

● 案例：天鈺（4961）

1. 早盤9點06分→（圖1-31）

在165元爆出1分鐘2,682張的最大成交量，因此以165元作為當日走勢判斷基準。

✔ 假設股價在165元之上→極短線屬於強勢

✔ 假設股價在165元之下→極短線偏弱勢

✔ 盤整期間，只要沒有明顯突破165元，就不要出手。

2. 在不考慮趨勢線前高、早上高的狀況下，什麼時候（點位）可以提前進場？

✔ 站上最大成交量點位＝165元（2,682張）

次大量（成交量第二大）都可以忽略，除非像天鈺（4961）尾盤13點10分又爆出新的最大量3,634張，就用該價位171.5元作為新的防守基準。

✔ 買股票最好買在最大量之上，因為有支撐（圖1-32）。

圖1-31　　盤中買點判斷　　　　　2021.02.05 天鈺（4961）當日走勢

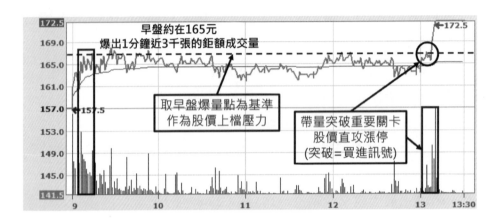

早盤約在165元
爆出1分鐘近3千張的鉅額成交量

取早盤爆量點為基準
作為股價上檔壓力

帶量突破重要關卡
股價直攻漲停
(突破＝買進訊號)

圖1-32　　突破後找支撐　　　　　2021.02.05 天鈺（4961）當日走勢

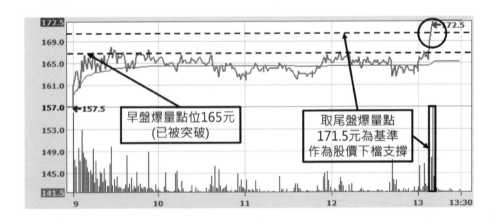

早盤爆量點位165元
（已被突破）

取尾盤爆量點
171.5元為基準
作為股價下檔支撐

進場前的戰略擬定 ——

進場前需先擬定進出場戰略，出現符合自己
設定的條件必須執行，必須按現象進出才能
有章法，非流於盤感。

5-2

低接均價線的 4 個實戰案例，
看了就會懂該不該接

● 案例 1：點序（6485）（圖 1-33）

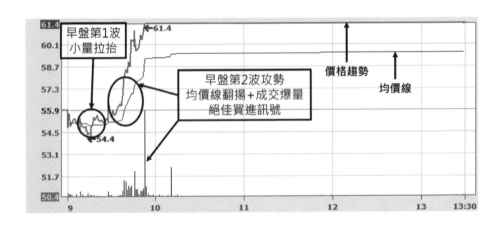

圖1-33	低接均價線上揚標的	2021.02.05 點序（6485）當日走勢

✔ 早盤出現均價線翻揚

　　早盤 9 點 39 分：第二波多方進攻，均價線開始出現明顯上揚，就是絕佳進場點。

　　✔ 盤中要買股票，就要買在均價線翻揚的時候。

● 案例2：天鈺（4961）（圖1-34）

圖1-34	等尾盤突破買進　　2021.02.05 天鈺（4961）當日走勢

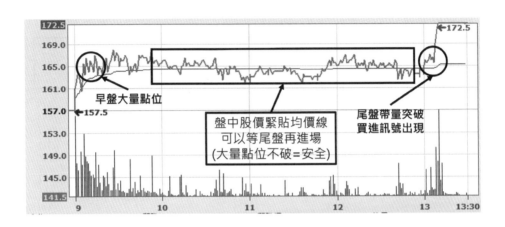

✔ 盤中緊貼均線→等尾盤

✔ 尾盤帶量突破→買

　　盤中均價線幾乎都走平，此時還不用進場，等尾盤再說，只要股價守在大量點位之上，都沒有問題。

　　✔ 盤中在均價線附近低接，有可能被主力倒貨，因為均價線尚未站穩或是被突破，多空趨勢並不明朗。

● 案例 3：譜瑞（4966）（圖 1-35）

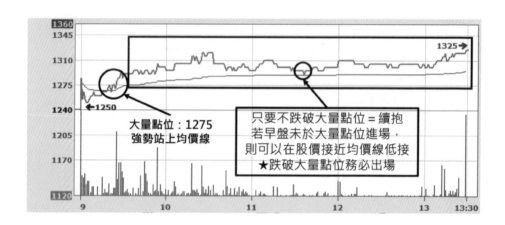

圖1-35　大量點位進場　　　2021.02.05 譜瑞（4966）當日走勢

大量點位：1275
強勢站上均價線

只要不跌破大量點位 ＝ 續抱
若早盤未於大量點位進場，
則可以在股價接近均價線低接
★跌破大量點位務必出場

✔ 大量點位如下：

時間：早盤9點25分

價格：127.5元

✔ 早盤買入→只要不跌破127.5元→續抱。

若盤中才看到股價已站在大量點位之上，該怎麼進場？→接近均價線再買。

✔ 要是跌破均價怎麼辦？

等股價接近或碰到大量點位時，可以觀察看看有沒有支撐，若有則可以在大量點位附近低接。

● 案例 4：緯穎（6669）（圖 1-36）

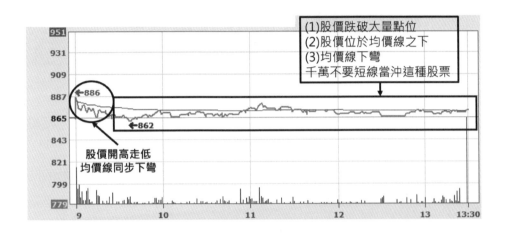

| 圖1-36 | 均價線下彎不要碰 | 2021.02.05 緯穎（6669）當日走勢 |

圖中標註：
(1)股價跌破大量點位
(2)股價位於均價線之下
(3)均價線下彎
千萬不要短線當沖這種股票

股價開高走低
均價線同步下彎

✔ 無明顯爆量，可以抓早盤較大量作為基準值。開高走低、均價線下彎（越成交越低）

✔ 以下狀況不可以短線當沖！

（1）股價跌破大量點位

（2）股價位於均價線之下

（3）均價線下彎

先不用理會，等尾盤就好，若往上收再考慮要不要買。因為均價線往下，中盤也不要做任何低接。

（1）以當日最大量點位作為防守（停損、停利）

（2）低接均價線上揚的股票

（3）儘量買在均價線之上（代表買進的人都還在賺錢）

買在大量點位可不可以？可以，但要以大量點位作為停損、停利依據。會長建議大家，還是低接均價線在上揚的股票比較好。

5-3

留單如何防守？看均價線、
抓當日最大量 60 分 K 最安全

以2021年2月5日的立積（4968）為例，型態維持得不錯，尾盤也收相對高。假設你今天留單，要如何抓防守點位？

最基本的方式就是把均價線記下來，用均價線作為隔天走勢的防守依據。此外，你可以抓「當日最大量的60分K」收盤價之上，作為防守參考。

● 案例：立積（4968）（圖1-37）

✔ 1天總共有5根K棒（開盤時間4.5小時），可以直接對應時間。

最大量60分K

時間：10點

價格：580元

若有留單，可以將580元作為防守依據，股價只要還在590元之上都算安全。

✔ 跌破左邊K棒或跌破昨日收盤就賣。

✔ 經常被洗怎麼辦？

洗：因為股價在停利點、停損點附近波動，導致頻繁進出場（虧成本）。為了避免被頻繁洗出場，除了左邊K棒、昨天收盤價之外，

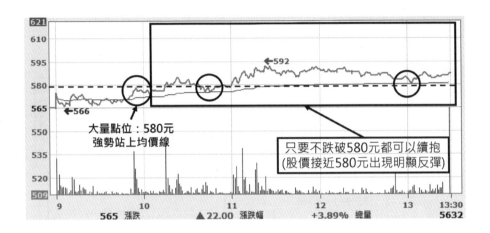

圖1-37　大量點位進場　　　　2021.02.05 立積（4968）當日走勢

大量點位：580元
強勢站上均價線

只要不跌破580元都可以續抱
（股價接近580元出現明顯反彈）

565 漲跌　　▲ 22.00 漲跌幅　　+3.89% 總量　　5632

也可以把前一天最大量60分K的收盤價列為參考基準。

　✔ 強勢股留單準則

　1.留在當日最大量60分K之上

　2.當日走勢最大點位之上

• 案例：南電（8046）（圖 1-38）

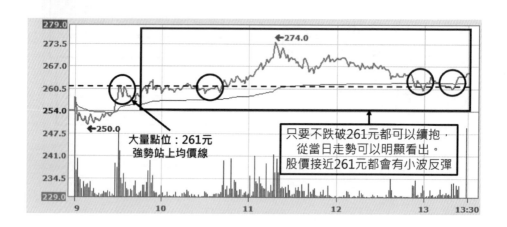

圖1-38	大量點位進場	2021.02.05 南電（8046）當日走勢

大量點位：261元
強勢站上均價線

只要不跌破261元都可以續抱，
從當日走勢可以明顯看出。
股價接近261元都會有小波反彈

最大量60分K

時間：9點30分

價格：261元

張數：984張

✔ 後續無再大量出現

✔ 站上261元，強勢訊號→可以進場→只要不跌破261元都可以續抱。

由股價走勢可以看出，接近261元都會有小波反彈。

均線角度力道表象 ——

可使用均線角度來判斷攻擊力道：

一、三十角度為區間整理，適合高出低進。

二、六十角度為溫和上漲，股價緩推。

三、九十角度為短線急漲，連續噴出。

5-4

短線乖離率超過均價線 3.5%，別再追、隨時準備出場

除了觀察大量點位，遇到短線急拉狀況，仍要注意盤整區間的趨勢線前高/前低是否被突破。除了大量點位防守之外，可以再參考短線乖離率。

乖離率公式：（現價—均價）／均價

短線乖離超過均價線3.5%→開始找賣點。（也可以不賣，但至少不能再追。）

按照會長的經驗，短線急拉只要脫離均價線3.5%，且中途未出現明顯拉回，就代表乖離過大，基本上都會有賣壓。

● 案例：南電（8046）（圖1-39）

✔ 計算乖離率

時間：11點18分

現價：273元

均價：260.28元

乖離率：（273-260）/260＝5％

短線乖離明顯超過3.5％，高機率回檔休息，所以不追價買入。即便後續仍有機會上漲，也會先進入橫盤整理，等待均價線靠攏後再上攻。

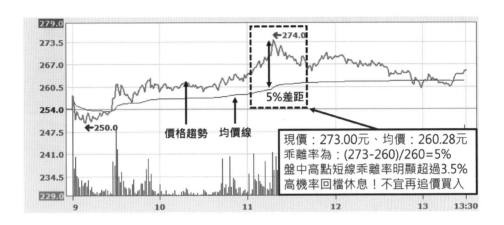

圖1-39 短線乖離率過大　　　2021.02.05 南電（8046）當日走勢

圖中標示：
- ←274.0
- 5%差距
- ←250.0
- 價格趨勢　均價線
- 現價：273.00元、均價：260.28元
乖離率為：(273-260)/260=5%
盤中高點短線乖離率明顯超過3.5%
高機率回檔休息！不宜再追價買入

✔ 均價線乖離過大

　　成因：市場賣壓變小→短線交易（當沖）進場小量拉抬→股價在未爆量的狀態下上攻（代表無人換手）→漲幅超過3.5％要隨時留意→若無爆量買盤進駐→隨時準備出場。

　　當均價線乖離過大，代表大部份持股人的均價較低（尤其主力），價格是被短線交易者用小成交量拉上去，此時必須注意是否有爆量買盤進駐，讓均價線上翹（代表有人願意接手），等乖離收斂後，接近均價線才可以再找買點。

✔ 現價脫離均價線

　　超過3.5％以上不要追，追高風險太高，必須隨時準備賣出。

　　會長原本設定4％，但認為此數字過高，短線抓乖離率3.5％較為適合（也可以自行決定百分比趴數）。

● 總結

（1） 當日走勢圖	大量點位 （最大成交量）	為防守（停利、停損）依據
（2） 低接目標	找均價線仍在上揚的	接近均價線可以買，站上大量點位要買再買
（3） 短線乖離過大	現價距離均價線已超過 3.5%→不追、隨時準備找賣點	待乖離率收斂（均價線往上靠攏現價，或現價回跌至均價線附近）→找低接買點

建立標準化操作 —————

當你從初學者變成進階者玩家之後，可以開始建立標準化操作，規劃適合自己的盤中交易屬性：像是當沖或是隔日沖。了解自己適合的戰場，並選擇這種戰場去操作，勝率才會高。

第 2 篇

策略操作法

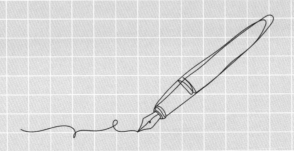

PART 1

5 日線操作法：
短線交易必用 5 日均線

1-1

股價站上 5 日線，K 棒收紅才進場，跌破 5 日線要先走

2021年初，股市湧入大量新手，當你發現左鄰右舍都在討論股票、買台積電的時候，感覺其實挺怪的，就好像「擦鞋童理論」一樣，讓人有種空頭即將來臨的預感。因此，本章將從新手角度出發，解釋一些基本判讀觀念。

觀念不是聽完就會賺錢，重點是要減少你陣亡的機率，讓你不要太快就畢業（輸光）。

● 何謂均線？

最常見的5/10/20日均線，代表近5/10/20日的平均收盤價，也就是「平均成本」的概念。其他常用的60/120/240日均線，概念相同。20日均線是大家俗稱的「月線」，60日均線俗稱「季線」。

● 均線怎麼算出來？均價線也算是均線嗎？

例如5日均線的計算方式，把近5日的「收盤價」加總後除以5，得出來的價格就是5日均線。（目前市面上多數系統顯示的均線，幾乎都是用成交價來計算。）

至於「均價線」有點不太一樣，是把某一天在盤中買賣的所有成交價格平均後得出來的數字。它的概念跟均線有些許不同，切勿混

淆。

● 短均

5/10/20日線，這3條線包裹起來就是俗稱的「短天期均線」。要看一檔股票的短期趨勢，只要看短均就OK了。以2021/01/29大盤位階為例，短天期的5/10/20日均線皆下彎，代表短期趨勢屬於空方。

● 長均

60/120/240日線，天數更長，合在一起統稱「長天期均線」，是用來觀察長期趨勢的重要指標。以2021/01/29大盤位階為例，長天期的60/120/240日均線皆上揚，代表長期趨勢屬於多方。

● 簡單判讀──2021/01/29 台股格局（圖 2-1）

短線走空、長線看多，代表若再往下跌，會進入中段整理。

假設短天期均線都沒有漲回來，反而繼續往下跌破長天期均線，就會加深市場崩盤或進入空頭的疑慮。

● 短線操作，要尊重的是短天期均線

5/10/20日均線優先看5日線，因為5日線距離現在最近，比較能反映市場狀況。

● 5 日線實戰演練 2021/01/29 加權指數（圖 2-1）

1月18日盤中一度跌破5日線，最後又漲回來留了長下影線，此時5日線仍翻揚，隔天只要沒跳空開高，趨勢就可能反轉。為什麼隔天是關鍵？因為2根K棒就可以扭轉短期走勢，特別是長黑搭配留下影線的黑K，會讓2個交易日平均起來的5日線慢慢走平。幸好隔天有跳

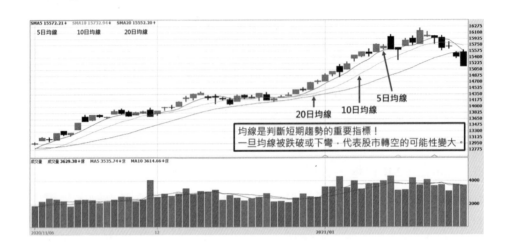

圖2-1　均線簡單判讀　　　　2021.01.29 加權指數日線圖

空開高漲到5日線之上，才維持多方趨勢不變。

5日線走平，代表短期上漲力道受阻。若要讓趨勢不變，就要儘快漲高脫離5日線才不會有疑慮。一波漲勢只要沒有跌破5日線，都算還在多方趨勢內。

● 跌破 5 日線（K 棒留長下影線）

根據K棒理論，長下影線代表有買盤支撐，仍有高機率站穩5日線之上。

● 連續 3 天收盤比前 1 天低

這代表價格每天都有低點，5日線一定會被拖下來（下彎）。

● 短線彈升格局，最後防守點

只要跌破月線，空方力道就會越來越強。

- ### 股價跌破 5 日線要先走

不管股價上揚與否，跌破就是先走，盤中跌破也一樣。除非收盤有信心站上，才會再買回。怎麼知道收盤會站回5日線？如果經驗夠豐富，大概1點20～23分，心裡就有底：會不會破5日或站回。

- ### 跌破 5 日線可以不賣嗎？

除非成本夠低，或是很了解這家公司。

- ### 一旦 5 日線下彎，短期趨勢不是盤就是跌

除非重新站上5日線，才會恢復多方格局。

- ### 在長均線上揚的狀態下，理論上價格只要回落均線附近，都會有支撐（日期越長的，支撐力道越強）

當季線處於上揚階段，第一次被跌破通常會反彈；第二次被跌破容易走平；第三次再被跌破可能就在季線附近走平，甚至下彎。

　・股市保命原則：5日線跌破先撤退，5日線下彎就空手，股票及大盤都適用。

　・5日均線跌破月線，代表短期均線進入空頭排列（50MA >10MA > 5MA）。站回5日線以上才會有買點。

　・止跌訊號

（1）3天不破低

（2）股價站上5日線

（3）K棒收紅才進場

1-2

實戰案例：長榮（2603）站上 5日線，跳空突破左邊 K 棒

- ### 案例：長榮（2603）（圖2-2）

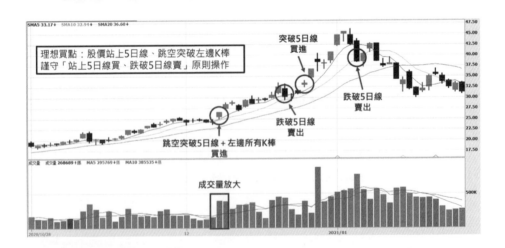

圖2-2　突破均線　　　2021.01.29 長榮（2603）K 線圖

理想買點：股價站上5日線、跳空突破左邊K棒
謹守「站上5日線買、跌破5日線賣」原則操作

突破5日線
買進

跳空突破5日線＋左邊所有K棒
買進

跌破5日線
賣出

跌破5日線
賣出

成交量放大

- ### 找合適的買點

   （1）股價在5日線之上
   （2）跳空突破左邊K棒

● 當天進場的理由是什麼？

找K線標準型態：股價剛創新高＋突破左邊K棒盤整區間

量能擴充股價在5日線之上，5日線翻揚，股價創近期高突破左邊K棒。牢記：股價不跌破5日線就抱住，**26.65元買進，30.20元出場**。

● 反彈起來可以進場嗎？不一定

主要原因：只要5日線沒有翻揚，第一天站上5日線，建議先觀望，只要第二根K棒收紅，5日線就會翻揚，這時候再買會更安穩一些，當然也可以單純按照5日線進出。

會長喜歡買股價站上5日線且5日線翻揚的股票。

● 極短線防守方式

除了5日線以外，另一個方法就是對應左邊K棒。找最近的K棒當壓力，一旦價格突破壓力站上之後，整個K棒的姿態才會修正起來；相對地，突破過後的壓力就要作為新的支撐（一關一關往上抓防守）。

假設對應左邊K棒壓力價為42.55元，今天成功突破後，你進場買在42.65元，此時要再往左邊K棒抓新的壓力，並把42.55元視為防守點。若隔天開盤跌破42.55元，就要判斷是否停損出場，最晚跌破5日線一定要走。

● 對應歷史 K，凡走過必留下痕跡

一波下跌過後，左邊的歷史K棒通常會有很多套牢冤魂；當股價開始往上發展（反彈），遇到左邊套牢K棒，就容易出現賣壓。

該如何觀察賣壓？當價格接近左邊K棒時，要留意市場當下的

「買氣」有沒有把賣壓消化掉。

買氣強→賣壓消化→收盤站上左邊K棒→轉強可留意。

● 開盤跳空上漲

這代表市場買氣強大，一般都是主力操作，開盤價是當日關鍵，地位幾乎跟5日線一樣重要，因為它跌破代表開盤拉抬的主力極有可能已經走人。建議開盤一跌破就賣出，收盤仍在開盤價之上則續抱。

投資只要遵守均線原則：「站上**5日線買，跌破5日線賣**」，長期下來就能持盈保泰。有了基礎再練習進階觀念，例如站上5日線後，需同時再符合5日線翻揚條件，再搭配左邊K棒去對應壓力與支撐，才能清楚判斷目前應該保守觀望還是大膽買進。

切勿漲太兇
看不爽去空他 ——————

順勢而為，才會有較高的勝率。而且若標的因此漲停，買不回來，借券利息是很高的。

1-3

實戰案例：亞德客—KY（1590）
收盤跌破 5 日線，不是盤就是跌

- 案例：亞德客—KY（1590）（圖 2-3）

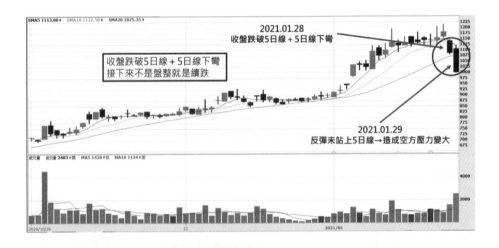

圖 2-3　跌破均線　　2021.01.29 亞德客—KY（1590）K 線圖

- 5 日線防守

　　1月28日收盤跌破5日線，而且5日線下彎，接下來不是盤就是跌。隔天反彈未過5日線，導致空方壓力變大，又再跌一天。

- ### 短線交易關注重點

　　考慮到風險問題，短線交易要儘量縮短手上持有股票的時間（建議1～3天），只有特別看好或看壞時，才持有久一點。按照持股時間長短，可以區分為三種模式：當沖（1天）、隔日沖（2天）、小波段（3天），遇到盤整期間就儘量不要有持股。

- ### 大盤 vs. 個股（重點都在 5 日線）

　　假設只做多方，在大盤沒站上5日線之前，建議不要做多，即便大盤站上5日線，但個股還沒站上5日線，也不要做多，等都站上5日線再買最保險。假設要做空方，大盤一跌破5日線就開始放空，若5日線下彎更好，停損可以抓站上5日線。

- ### 短線當沖一直停損怎麼辦？

　　建議不要選在波動劇烈的早盤進場，可以等到尾盤（中午12點過後），確認個股是否能站上5日線再出手，會比較安全。站上5日線買進，跌破5日線賣出。

- ### 小結：沿著 5 日線操作（怕被洗就尾盤 12:30 ～ 13:20 再做）

　　做多：股價站上5日線，且5日線上揚。
　　做空：股價跌破5日線，且5日線下彎。

PART ②

5 日線趨勢 + 量能操作法：
高手看價也看量

2-1 股市老手說「價量都要看」， 還要控制資金的運用效率

　　基礎觀念可以有很多種變化，所以熟悉基礎概念還不夠，要學會融入自己的操作習性。**權值股低接戰略、均線基礎理論、K棒基礎理論**，多練習幾次，在操作上就能有更深的體悟。

　　「老手看量、新手看價」這套理論早就過時，真正的老手應該是價量都要會看。

● 量、價、K棒、均線的 7 重點

（1）何謂量能充足

　　台股成交量從2020年10月過後，開始爆炸性成長。常態性成交量大多2～3千億，2021年初卻有4根K棒，成交量高達4千多億。

　　從老手的觀念來看，成交量放大就代表動能足夠，當市場維持著一定人氣，自然有行情可以期待。

（2）均線趨勢維持多方（圖2-4）

　　不管指數漲到哪裡，隨時保有戒慎恐懼的心即可，不用過度預設立場認為高點已出現。

　　均線=買進者的平均持有成本

　　短天期均線：5日、10日、20日

　　長天期均線：60日、120日、240日

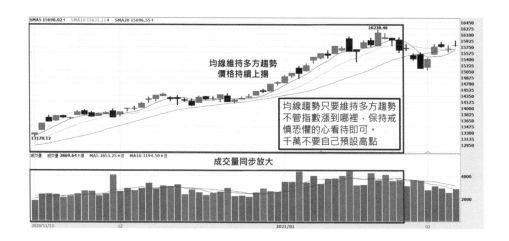

圖2-4　量能＋均線判斷　　　2021.02.05 加權指數 日 K 線圖

均線維持多方趨勢
價格持續上揚

均線趨勢只要維持多方趨勢
不管指數漲到哪裡，保持戒
慎恐懼的心看待即可。
千萬不要自己預設高點

成交量同步放大

極短線價格壓力與支撐：通常會參考左邊K棒去設定。

指數上漲，關注權值股：台積電、聯電、瑞昱、聯詠。

（3）資金要運用在有效率的地方

跌破5日線不是盤就是跌。關注左邊K棒、對應均線找支撐。做極短線交易時，5日線一跌破就直接出場。做長線或波段投資，至少要減碼。即便K棒姿態不錯，60日線也上揚，仍建議在跌破5日線時至少減碼3分之1，後續才有足夠資金低接。

（4）K棒簡單對應方式

開盤價、收盤價最重要（特定時間點才看上下影線），收盤價是一整天多空交戰的結果，開盤價則是市場集體共識。

（5）股票最佳低接方式

1. 出現止跌紅K

2. 站上5日線

3. 反彈通常延續至多3天，建議可以抓第3天為賣點。

（6）拉回找賣點

拉回找買點，怎麼找？

買點分為低接買點、突破買點，

1. 往下找均線支撐，不是到了就買，要看當天K棒的買氣狀況。例如：有沒有宣洩賣壓、有沒有止跌收腳訊號。

2. 對應左邊K棒，找左邊K棒支撐價位。

（7）低接，抓止跌買點

連續急跌完要有紅K，但有時候會失敗，所以站在個股的角度，會長建議大家多看1天，等站上5日線再買。

假設是跳空開高站上5日線，抓「開盤價」防守即可。

K 棒跳空準備表態 ————

跳空的 K 棒代表市場無視於中間被跳空的價
位，對股價進行強烈表態。跳空向上代表多
方氣勢強勁；跳空向下則代表股價空方進行。
跳空的缺口，由於沒有成交量，當股價要跌
破或突破缺口之際，會出現支撐或壓力。

2-2

實戰案例：台積電（2330）
權值股擺盪型態的上漲與下殺

● 短期角度：看月線

　　假設60日線還在上揚，但短線操作抓60日線作防守，這是不合邏輯的。買股票就是要用短天期均線（5/10/20日均線）作為依據（圖2-5）。尤其5日線（短天期均線之首）更是極短線進出最重要的依據；月線（20日線）則是創新高後壓回，找買點時可以參考的指標。

　　當然有一些特別的強勢股，跌到10日線後就反彈，但這種案例要等創新高（股價創新高突破左邊K棒）再去追會比較好。

● 個股搶反彈時機不同

　　權值股：看月線

　　小型股：看10日線

　　大型權值股（平穩發展）：創新高→壓回→跌破5日線→跌到月線附近→通常可以找買點。

　　強勢小型股或妖股：創新高→壓回→跌破5日線→跌到10日線附近→強勢反彈

● 中段整理結束，什麼時候適合進場？（以日線為基準）

　　時機：突破盤整區間！盤整到末段通常會累積出現3個高點（底

圖2-5　日線判讀　　　　　　2021.02.05 台積電（2330）日 K 線圖

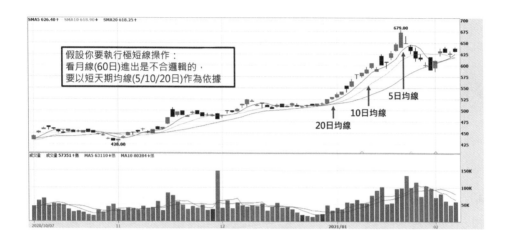

假設你要執行極短線操作：
看月線(60日)進出是不合邏輯的，
要以短天期均線(5/10/20日)作為依據

圖2-6　突破盤整區間　　　　　2021.02.05 台積電（2330）日 K 線圖

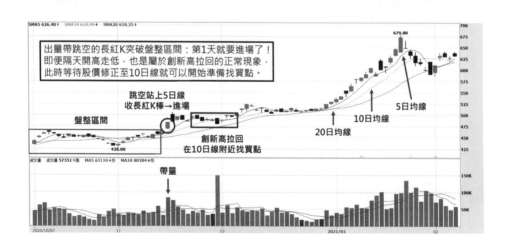

出量帶跳空的長紅K突破盤整區間：第1天就要進場了！
即便隔天開高走低，也是屬於創新高拉回的正常現象，
此時等待股價修正至10日線就可以開始準備找買點。

底高）。

　　若有**出量帶跳空的長紅K**突破盤整區間（圖2-6），第一天基本上就要進場。即便隔天開高走低，也是屬於創新高拉回的正常現象，此時等待股價修正至10日線，就可以開始準備找買點。

• MSCI 季度調整，2、5、8、11 月經常導致個股單日帶量上漲或下殺

　　當一支個股（尤其權值股）爆大量下殺時，要開始尋找止跌訊號。遇到爆量下殺，不要太躁進，建議多看一天，因為通常隔天會繼續跌。假設隔天量縮收十字K，不要早盤就買進，到尾盤要買再買，也可以不買，因為十字K通常屬於中繼站，很可能是跌勢的延續。

　　若收十字K的隔天又跳空上漲，吞噬前段黑K跌幅，就是買進時機。

• 下跌趨勢裡日線 K 棒轉強時機

　　（1）站上5日線

　　（2）沒有再跌破低點

　　（3）帶跳空

　　跳空上漲是加碼的理想時機，假設追價買進後開始整理，也不用擔心，只要5日線上揚、3日不破低點，理論上還會有高點出現。

• 權值股，通常以擺盪型態往上漲

　　站上5日線→目前持股已有一定獲利，且股價創新高後，可以隨時準備找賣點。沿著5日線防守，若盤中跌破5日線與前2根K棒，盤中就應該賣掉。尾盤會出現2個現象：

　　（1）收盤跌破2根K棒，絕對是短線賣點。

（2）跌破5日線，假設5日線仍在上揚，可以採取部份減碼。

先出場只是買「突然下殺」的保險，若尾盤站回5日線，要買回再買回，損失摩擦成本無妨。

當權值股跌破5日線→接近月線找買點，月線破或不破都可以，需對應K棒找機會低接。

（1）破5日線重新算低點

（2）連續3日不破低

（3）站上5日線=進場訊號

（4）再跌破5日線就出場

● 拉長紅要不要賣？

短線上來說，拉長紅當天已經把獲利空間拉大，要賣或減碼都可以。當然也可以參考均線和K棒的原則去設停利點。隔天開低怎麼辦？第一件事是對應左邊K棒，只要沒破都不用擔心。

以極短線交易來看，如果隔天開低吞噬掉前一天長紅K棒的2分之1，理論上是要先出場或減碼，但不賣其實也不會怎麼樣。可以單純按照紀律進出，不要想太多，破5日線或跌破左邊最近2根K棒再走都來得及，到尾盤再來看有沒有站回。

2-3

實戰案例：聯詠（3034）5日線陡峭帶跳空開高，就要進去追

● 權值股特性（圖2-7）

大漲之前，5日線發展很平緩，通常沒有什麼角度可以參考。如果單純按照**站上5日線買、跌破5日線賣**的策略進出，會一直被反覆洗出場，根本賺不到什麼錢。

不過，2月5日的跳空上漲，改變了聯詠（3034）5日線走勢，角度因為這根K棒而變得陡峭。

| 圖2-7 | 權值股特性 | 2021.02.05 聯詠（3034）日 K 線圖 |

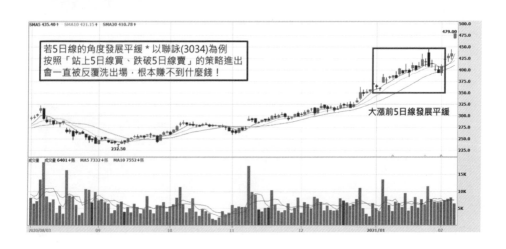

• 5日線角度變陡峭，帶跳空開高

對應方式：權值股整理完後再創新高的跳空上漲，當天就要進去追，並且抓**缺口上緣，跳空當天開盤價**防守。

假設當天因為漲停沒追到，之後當然可以再關注或追價買，但要切記停損點是**缺口上緣（跳空當天開盤價）**。

權值股出現跳空十分異常，開盤價也不是你、我或單一法人的資金可以開出來的，因此這個開盤價代表絕大多數主力成本，是絕對不能忽視的重要價位，若跌破可能導致漲勢反轉。

• 遇到大型股漲停板，隔天可不可以追？

若漲停隔天又開高3～5％以上：追高容易追到短線高點，建議壓回要買再買。

若開高5％以上：代表極度強勢，但空間已拉開太多，最好等拉回3％附近再進場。

若漲停隔天開不高、低於3％：建議先觀望、不要追，因為不夠強勢。

2-4

實戰案例：天鈺（4961）成交量出現異常，你得玩極短線

非權值股，但有大量法人參與買賣。

走勢大多沿著5日線進行，是未來的航海王。當成交量出現異常爆量時，要玩就玩極短線（當沖），會相對安全。（圖2-8）

● 若因為當沖沒留單被洗掉，怎麼辦？

做交易要有成熟的心態，當航運成交量密集且異常爆大量時，會長也是建議大家當沖即可（嚴守5日線一破就走）。最後航運一路修正到季線，這個當沖建議救了多少想重押的人？

話不要聽一半，最好不要留單不代表一定不能留。若當沖進場帳上有賺錢，你也可以沿著5日線操作，等5日線真的跌破再走，自然不用怕錯過波段漲幅。

● 妖股（瘋狂再創新高）

看到出量再創新高就開始關注，沿著5日線操作，只要量能滾出來，價格有創高就買。

防守：2根K棒＋5日線

跌破第1根減碼，跌破第2根再減，跌破5日線全出。站上要買回再買。

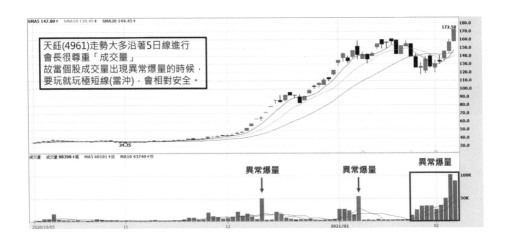

圖2-8　成交量異常　　　2021.02.05 天鈺（4961）日K線圖

天鈺(4961)走勢大多沿著5日線進行
會長很尊重「成交量」
故當個股成交出現異常爆量的時候，
要玩就玩極短線(當沖)，會相對安全。

異常爆量　　異常爆量　　異常爆量

● 關禁閉（處置交易）

　　一支股票漲到被關禁閉，要採取低接的模式找買點，最好等回檔修正20％要買再買。因為關禁閉時主力也出不了貨，急速拉回20％時適合找買點。這與創新高拉回找買點的道理相同。

● K 棒沒有按照連續型態走怎麼辦？

　　妖股有時候會故意開平盤，下殺一段後又往上漲……。防守對應方式：找昨天當日走勢圖的前高與均價線，作為壓力與支撐。

● 沿著 5 日線操作守則

　　不要追太高！頭腦要會變通，在追爆大量的個股時，如果沒抓左邊K棒設停損點，自然會輸得很難看。

　　要沿著5日線操作，就不要追目前股價與5日線價格差距過大的股票。若真的要追，就要對應左邊K棒防守。

實戰案例：長榮（2603）爆量完跌破 5 日線，不要再低接

- **長榮（2603）按照 5 日線操作**（圖2-9）

  特別警惕：成交量異常大時，要抓左邊K棒防守。

- **爆量完跌破 5 日線**

  這種型態絕對沒好事！連續爆量（過程完全沒有量縮）後一次直接跌破5日線，通常代表波段漲勢結束。此時千萬不要再低接，因為股價有可能直接回測到季線（60日）。

- **跌破或接近月線，成交量縮小→找買點**

  （1）3天不破低點

  （2）站上5日線

  （3）出現止跌紅K

  做短線要尊重月線，即便符合前面3個條件，若月線下彎且仍在5日線之上，建議等正式站上月線當天的尾盤再買。

  平常鎖定：**高價/權值/法人股**（操作起來相對安穩）

  特定情況：**市場熱門股**（妖股）

  介於權值股與妖股之間的小型芭樂股，都不要玩。它們大多是主力在控盤，不夠熟悉絕對被短線當沖客洗死！

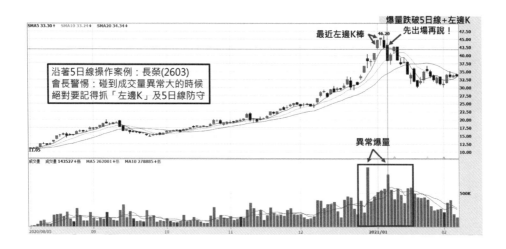

圖2-9　左邊 K 棒 防守　　2021.02.05 長榮（2603）日 K 線圖

沿著5日線操作案例：長榮(2603)
會長警惕：碰到成交量異常大的時候
絕對要記得抓「左邊K」及5日線防守

最近左邊K棒

爆量跌破5日線＋左邊K
先出場再說！

異常爆量

PART ③

極短線交易：時段操作法
要注意這些重點

為何要做多？全球股市長期都往上發展，空方操作限制多

如果以10年為單位來觀察，會發現全球股市走勢其實都是往上走居多。即便在2008年，美國發生堪稱史詩級的次貸風暴，利率甚至一路降到前所未見的低點，經過12年後再回頭來看，股市仍然有翻倍以上的好表現。

長遠來看，不管中間發生過幾次大跌，股市就是會往上發展，就好比房價、物價的水準越來越高，是一樣的道理。

為什麼會長在大學堂幾乎都只講多方策略？因為當經濟出現泡沫，引發市場急速下跌時，這種空頭式下跌的跌幅往往會在半年內達陣，後面頂多一攤死水慢慢盤整，不太會繼續跌。

會長主張：空頭時避開就好，極短線當然多空都可以做。再次重申：空方有較多限制，新手務必小心。

會長個人風格偏好以做多為主，不喜歡放空操作，所以面對市場大跌，仍會傾向找強勢股當沖做多，或是空手靜待反彈時機。

大盤反向逆勢選股 ——————

尋找乖離過大的標的去抓回檔，相較順勢交易，更能在短時間內獲取可觀獲利。然而一旦走勢相反，不如預期，容易遭受龐大損失，必須嚴格做好風險控管。

3-2 實戰案例：金居（8358）
4 個半小時的極短線強勢操作

- ### 金居（8358）——2021/02/05K 線圖
  （1）站上5日線
  （2）創新高突破左邊K棒
  （3）紅K棒帶大量成交量
  （4）向上擺盪姿態

  5日線、月線（20日）、季線（60日）皆為向上趨勢。（圖 2-10）

- ### 如何快速掃一檔標的？
  看3條均線即可：
  （1）極短線交易：進出判斷以5日線為首。
  （2）創高拉回找支撐：要看月線（20日）位階。
  （3）長線架構：主要看季線（60日），只要季線維持上揚趨勢，基本上長線沒有太大問題。

- ### 金居（8358）當日走勢（圖 2-11）
  （1）開盤價：早上9點開出來的第一筆成交價格。

圖2-10　極短線強勢案例　　2021.02.05 金居（8358）日K線圖

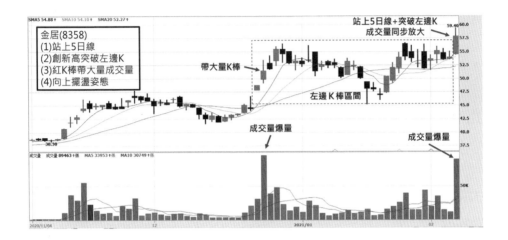

金居(8358)
(1)站上5日線
(2)創新高突破左邊K
(3)紅K棒帶大量成交量
(4)向上擺盪姿態

圖2-11　當日走勢判讀　　2021.02.05 金居（8358）當日走勢圖

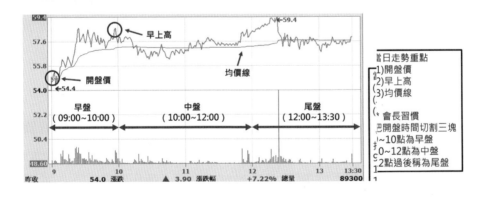

（2）早上高：代表10點前的最高點。

（3）均價線：代表今日所有成交價格的平均，也等於進場者的平均持有成本。

● 早、中、尾盤盤勢

早盤：早上9點～10點。當沖、主力作價，尤其10點前，上班族比較有空。

中盤：10點～12點之間。大部份時間都處於整理階段。

尾盤：中午12點過後。早盤和中盤廝殺結束後，主力才會出來帶方向收尾。

從每一天的盤勢變化來看，大約90％成交量都出現在早盤和尾盤，在這兩個時段內，不只波動最大，成交量也更熱絡。

● 主力動向、尾盤判斷

若主力今天在早盤和中盤持續吃貨，則尾盤通常會把股價守在相對高點。若主力屬於喜歡拉高出貨、趁震盪出貨的類型，則尾盤股價下殺機率較高，畢竟主力已經在早盤或中盤出場完畢。

● 當沖類型

A.快速當沖（會長流派）:佔當沖總量約30％，嚴格執行快速買進、賣出策略。

B.日內當沖：佔當沖總量至少70％，一般人慣用的當沖手法通常是：選定標的→早盤買進→尾盤出場，這也是造成尾盤波動大的原因之一。

● 日內當沖

這對會長來說是非常危險的事。以當沖角度而言，我們只能看得懂極短線約1～5分鐘的行情。

在現行逐筆撮合制度下，會長自認頂多能判斷出下1分鐘的趨勢，再過5分鐘說不定就完全不一樣了。

日內當沖者的想法：只要選對股，尾盤攻到漲停沒問題！

會長觀點：其實你只要學會看準下1分鐘就好，買進→價格上漲→沖掉→錢落袋，長期累積獲利也能達到富可敵國的境界。

不要學別人等整整3～4.5小時。市場變化太難預測，除非你買對，市場給面子，尾盤又收最高。

● 開盤價為什麼重要？

開盤價和收盤價是集體競價撮合的結果，一定程度上代表了市場的集體共識，因此站上開盤價的股票，理論上股價會更強勢。

按照過往經驗，一支股票要發動，開盤都會開高（開盤成交量＞昨天尾盤成交量）。看開盤價→觀察左邊K棒，雙重確認。

抓開盤價＋左邊K棒盤整區間的高點，作為當日走勢的防守或進場關鍵。

● 均價線

逐筆撮合每一秒可能都有好幾單成交，但無論如何，成交都會有一個「平均價格」，並持續平均下去。因此，當一支股票目前在均價線之上，我們可以合理懷疑，今天做多買進的人都還沒有賠錢，只是買進的價格不同而已。

開盤完→進入逐筆撮合→撮合完會出現均價。

當股價站上均價線＝判斷股票較強勢。

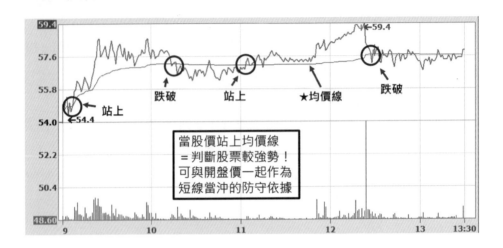

圖2-12　均價線的重要性

可以與開盤價一起作為短線當沖的依據與防守點。（圖2-12）

● 開盤價

隸屬於K棒最基礎的開（開盤）、高（最高）、收（收盤）、低（最低）結構。只要跌破開盤價，則K棒收黑，代表今天有人套牢，因此需要抓開盤價作為防守點位。除非開盤完又再往上拉，今天K棒才會收紅。

● 短線進場做多關鍵

站上開盤價、站上均價線。

有些股票開盤如果開高，通常是延續昨日漲勢，但此時會有隔日沖（昨天買且今天賣）的賣壓。

● 早盤當沖要點

預防隔日沖賣壓：至少等到9點5分過後，有第1根5分K線出來，再判斷要不要進場，以及什麼時候進場？

站穩開盤價、成交量放大、均價線上揚、**有接續買盤在推升價格**、突破左邊K棒，股價開高，如果漲勢確立，原則上在9點5分之前就會往上漲。

但是，上述情況只是相對高機率發生，你也可能遇到9點5分前開高，第1根5分K出來後才下殺，並跌破開盤價。

隔日沖賣壓，通常9:30前應會處理完畢！前一日進場的大戶不論次日開高開低，開盤15分鐘會想辦法維持股價上下搓量讓部位可順利出場。

● 盤中觀察重點

若盤中持續有買單出現（代表買氣強勢），需特別留意開盤價、均價線，並同步觀察逐筆成交明細，看是否有連續買單或大單出現，堆疊個股整體的買氣。

外盤成交＝賣盤成交，代表有人掛單要賣，但掛上去就被陸續買光，價格也持續往上漲。

● 買盤力竭反折（高檔回跌）

除非特殊狀況直衝漲停，否則接續買盤遲早也會有中斷的一刻，當買盤在價格高點出現力竭反折。

開始有單往內盤（掛買單）丟，通常是當沖想下車，此時要看成交量如何，若單筆量太大，要小心是否有連續賣壓出現。

快速當沖時，若看到第一筆大單敲內盤，後面接續有小量賣單出現，建議優先獲利了結或是守好關鍵價位。

● **趨勢線轉折判斷方式**

　　若遇漲多壓回，需要抓開盤價或均價線防守。大約抓回落0.5%為基準，一般0.1～0.4%的轉折可以忽略。極短線若有超過1%以上的回跌，必須特別留意是否出場或續抱。

● **當極短線股價回落**

　　這代表有賣單成交在內盤。成交在內盤的小額賣單（散單）回落幅度，不可超過0.5%，否則會引起市場停損的賣壓接續出籠。

　　那麼，誰在接？假設是市場關注的熱門股，回落0.5%就會有人想進場。

● **短線急拉**

　　出現情境：當價格處在快速波動狀態下，且買盤一昧往上攻。

　　造成股價短線急拉有2大主因：

　　（1）想買的人買不到→掛市價買→股價會衝出去

　　（2）有人早上放空→被嘎到受不了→市價回補→回補在最高點

　　會長建議：極短線急拉至7%漲幅，若買盤未接續就可以先行賣出，而高點反折0.5%以上則要先出場。（圖2-13）

● **盤中漲幅已超過 7%**

　　約10點前後短線噴出，又突破早上9點半前高。

　　必須抓盤整區間高點來防守，為什麼？因為短線漲幅已超過7%，要抓趨勢線前高防守，而且這波是10點前的第2次推升，理論上接近10點的短線推升，若主力無法攻頂（漲停），則中盤和尾盤股價回落的機率就會非常高。

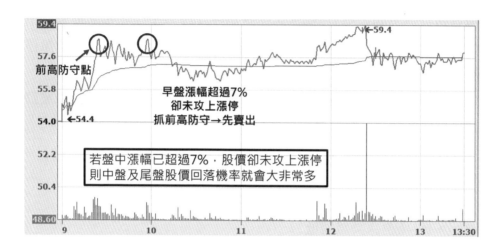

圖2-13　極短線早盤防守　2021.02.05 金居（8358）當日走勢圖

前高防守點

早盤漲幅超過7%
卻未攻上漲停
抓前高防守→先賣出

若盤中漲幅已超過7%，股價卻未攻上漲停
則中盤及尾盤股價回落機率就會大非常多

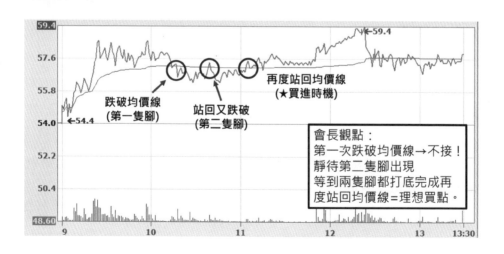

圖2-14　跌破均價線是否低接？　2021.02.05 金居（8358）當日走勢圖

跌破均價線
（第一隻腳）

站回又跌破
（第二隻腳）

再度站回均價線
（★買進時機）

會長觀點：
第一次跌破均價線→不接！
靜待第二隻腳出現
等到兩隻腳都打底完成再
度站回均價線＝理想買點。

● 跌破均價線可以低接？（圖 2-14）

　　第一次跌破均價線（第1隻腳），會長不會去低接，因為這通常還會再打一隻腳（第2隻腳），而且第一次反彈至趨勢線前低與均價線位置，都會有賣壓出現（早盤套牢停損，或是極短線搶反彈停利）。

　　除非短線跳水急殺完直接V型反轉，就只會有1隻腳。當第2隻腳出現，要留意是否有一底比一底高（底底高）。

● 短線反彈壓力

　　理論上，碰到以下兩者會再拉回一次。

　　（1）價格趨勢線前低

　　（2）均價線

　　若站穩趨勢線前波低點，又站上均價線，站穩後持續上攻，代表主力有心攻頂，可以留意是否追價進場。

● 當沖時間

　　最好10點前結束。

　　（1）早盤見高，10點過後走弱，很容易一波甩破均價線。中盤觀察重點：均價線跌破→反彈→再跌破，不破前低/底底高→開始找買點。

　　（2）若中盤接近12點攻漲停，理論上就要鎖住了。一旦回落就不容易再漲停，且回落至少不可以跌破早上高點。

　　（3）12點過後選股重點：

　　‧站上開盤價、站上均價線、站上早上高，10點過後跌破均價線→不要理會。

　　‧第一次反彈站回均價線→觀察均價線＋趨勢線前波低點，遇到

就會有賣壓。

　　・第二次回落均價線→注意前低是否有破，若未破則代表底底高，可以多留意。

　　・第二次反彈站回均價線→可以買進（也可以在站回均價線前先買，賭它站上均價線）。

● 尾盤留單，尊重均價線

　　只接受中盤跌破均價線→反彈→再跌破（不破前低）→第二次反彈站回均價線，12點過後再破均價線的通通不要碰。

● 創高後防守依據

　　創高後回檔，可以先等一下。

　　若反彈無法突破高點，而又跌破創高後回檔的低點→直接走人。

● 選股要件

　　早盤10點前：

　　（1）站上開盤價

　　（2）站上均價線

　　創高後抓趨勢線前低防守。

　　尾盤12點後：

　　（1）站上開盤價

　　（2）站上均價線

　　（3）站上早上高（早盤股價高點）

PART 4

短波段交易：
看 5 日均線與 5 日趨勢線

先看波段月線帶出大行情，向上突破 5 日線，壓回買就對了

　　波段站上5日線後買進，沿著5日線操作，一般會有3天安全期，只要第一天買的價位不要太差（例如最高點），通常不會賠錢。

型態	關鍵心法
大波段	帶動大行情的關鍵，要看月線 （1）月線出大量 （2）月線再創新高
高檔整理	• 轉強第 1 天→站上 5 日線 • 隔天長黑→跌破 5 日線 • 股票位階是重點 前面已漲一大段，目前又在高檔整理，若成交量沒有持續放大，則突破後被壓回的機率相當高。
如何避免被洗太多次？	• 5 日線上揚 向上突破格局，價量同步上升，壓回 5 日線買就對了。 • 5 日線走平 壓縮整理格局，缺少買氣堆疊，不低接。容易再破 5 日線。儘量不要碰黏著橫盤整理的 K 線型態

大盤長線多空判讀

透過長天期均線如季線、半年線、年線，來判斷均線長期的走勢。然而一旦出現新聞消息，仍然必須要尊重市場，及時調整策略，才不會因為凹單而蒙受大幅損失。

4-2

實戰案例：順德（2351）Day1 ～ Day6 的短波段強勢操作

● 5 月下旬盤整，突破點位在 98.2 元

順德（2351）突破點位在98.2元，只要站上就代表正式突破2021年至今的盤整區間，有高機率會轉強。（圖2-15）

2021年6月4日，盤中突破98.2元（當日最高99.5元、收盤97.2元），隔天確定突破就進場。

2021年6月8日，股價創高後下殺，收1根長黑K棒，股價繼續進入整理（事後發現這是起漲前的洗盤）。

● 什麼是起漲前的洗盤？

洗盤是指股價在一定期間內上下劇烈波動，一下子突破上檔壓力，一下子跌破下檔支撐，導致許多投資人反覆追高買進、殺低停損。

所謂的「洗盤」或「出貨」都是事後論，不要太拘泥硬要在當下預測股價未來的走勢，只要嚴守停損點位、停利點位，按照市場現象進出即可。

✔ **Day1：2021.06.15**

順德（2351）重新站上5日線

| 圖2-15 | 進場前對應左邊K棒 | 2021.06.25 順德（2351）日K線圖 |

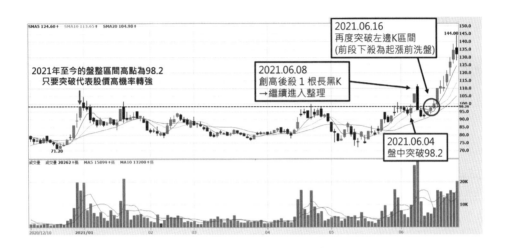

2021.06.16
再度突破左邊K區間
(前段下殺為起漲前洗盤)

2021.06.08
創高後殺1根長黑K
→繼續進入整理

2021年至今的盤整區間高點為98.2
只要突破代表股價高機率轉強

2021.06.04
盤中突破98.2

但K線趨勢還沒有確定轉強。為什麼？

對應前段左邊K棒＊突破點位：98.2元

✔ Day2：2021.06.16

5日線上＋突破左邊K棒，98.2元開始留意抓進場時機。收盤站上100元，是重要關卡。

✔ Day3：2021.06.17

長紅＋出量＋突破再創高。收盤站上110元，會長進場。

✔ 2021.06.18、2021.06.21

長紅完隔天容易出現整理，收盤確定收紅＋量能有維持，就不用擔心。量縮格局整理完，第一次突破（指2021.06.16）且站上5日線後，短波段沿著5日線操作，有3天安全期可以期待。（圖2-16）

● 長紅突破完，隔天容易出現整理K棒

若整理K棒出現量縮很危險，除非是收十字黑K，才可以接受量

縮，代表5日線仍在翻揚，後面還有繼續上漲的機會。

（1）收盤必須收紅

（2）量能要能穩住

• 5 日線上揚，上揚角度越陡，力道越強！

5日線的上揚角度至少要45度，而60度最佳，代表買盤更積極進場。

在已獲利狀態下，股價高檔可以**抓最近2根K棒作為停利點，一旦跌破就走人**。等股價回落至5日線附近，且5日線仍在上揚，則可以考慮在5日線附近低接。若股價破5日線，就全部出清。

• 短波段操作：創高後壓回＋出量

這代表長期持股者在這一天幾乎都出場了。也就是有新一批人用更高的成本進場，後面才有機會繼續上攻。

• 找月線翻揚的股票（圖 2-17）

短波段沿5日線操作：建議找月線型態翻揚＋成交量明顯放大＋距離前高不遠的股票。

2021年5月，月線再創新高＋成交量擴大→收錄觀察

2021年6月，接續上月再創高＋爆大量

圖2-16 　進場前對應左邊K棒　　　2021.06.25 順德（2351）日K線圖

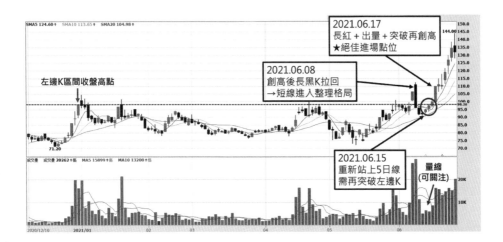

2021.06.17
長紅＋出量＋突破再創高
★絕佳進場點位

2021.06.08
創高後長黑K拉回
→短線進入整理格局

左邊K區間收盤高點

2021.06.15
重新站上5日線
需再突破左邊K

量縮
（可關注）

圖2-17 　月線型態觀察　　　2021.06.25 順德（2351）月K線圖

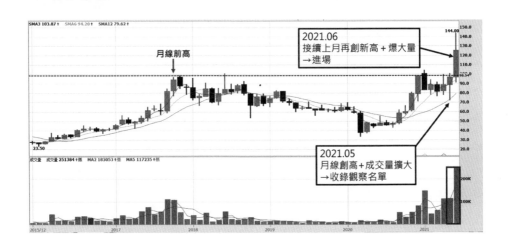

2021.06
接續上月再創新高＋爆大量
→進場

月線前高

2021.05
月線創高＋成交量擴大
→收錄觀察名單

第 **3** 篇

強勢族群的
主題操作法

PART ①

強勢族群的多方美女：
該怎麼判斷標的？

標準型態&連續型態標的就像
美女一樣，必須用力追求

　　會長從「做多」的角度切入，說明自己如何篩選股票，將姿態好、即將蓄勢待發的標的，放進每日盤後選股的口袋清單中。

　　如何判斷一支個股是偏多方姿態，可以進場做多？第一步就是觀察日線圖，將日線圖拉遠一點看，判斷K線是否呈現上升趨勢，而且股價的發展是依附趨勢的慣性，沿著均線進行。

　　均線可以分為短天期均線與長天期均線，根據會長的區分方法，短天期均線是5、10、20日均線，長天期均線是60、120、240日均線，其中短天期均線我只看5日線，長天期均線我只看60日線（季線）。

　　會長的短線交易包含當沖、隔日沖、3日沖，以及一週沖，交易參考一定都先看5日線。如果今天最新的股價高於5日線，代表過去5天進場的人都是賺錢的，也可以初步判斷短期內的趨勢是比較強的。

　　所以，當股價站上5日線，又有一個突破型態的K棒出現，後面往往都帶有一段漲勢。股價站上5日線不保證之後一定會漲，但上漲中的股價必然高於5日線。

　　如果要做短線交易，另一個保障是要找短天期均線呈現多頭排列的股票，也就是5日均線在最上方，接續在下是10日線，再來是20日線。至於長天期均線，即使走得扭捏糾結，對極短線當沖交易影響不

| 圖3-1 | 【日線圖觀察】股價站上翻揚 5 日線，對短線交易最重要 |

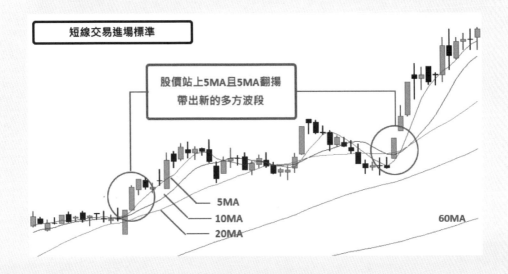

短線交易進場標準

股價站上5MA且5MA翻揚
帶出新的多方波段

5MA
10MA
20MA
60MA

大，因此主要得看短天期均線的走勢（圖3-1）。

長天期均線雖然可以忽略，但是它們的分布位置必須在5日均線之下，若在5日線之上，我會稱之為「蓋頭反壓」，一支股票如果股價上方有一堆長天期均線壓著，要漲也不容易，所以盡可能避開這樣的標的。（圖3-2A）

長天期均線之首的季線，是我所謂的「股價生命線」，當一支股票的短天期均線糾結，60MA的表現就很重要。如果60MA在上揚階段，通常價格跌破都還會反彈，但如果價格反彈失敗導致60MA下彎，股價就會開始走弱、走空。（圖3-2B）

在圖3-3中，上漲之後的整理階段，價格破5日線，後續是漲或跌無從得知，此時唯一能做的是基本防守，破5日線就先離場。直到股價重新站上5日線，且5日線翻揚，下方的60日均線也在翻揚，對這樣的多方形態，進場做多就會比較容易。

圖3-2A 【日線圖觀察】避開長天期均線在 5 日均線之上的標的

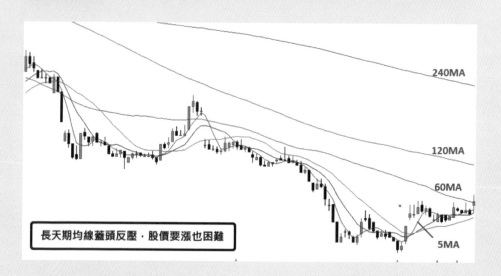

長天期均線蓋頭反壓，股價要漲也困難

240MA
120MA
60MA
5MA

圖3-2B 【日線圖觀察】翻揚的 60MA 對股價有支撐意義

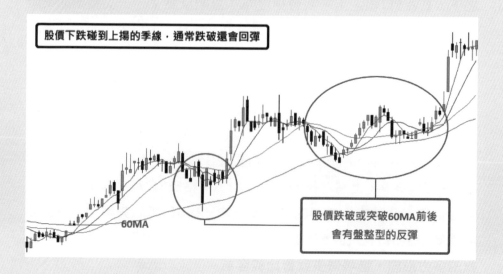

股價下跌碰到上揚的季線，通常跌破還會回彈

60MA

股價跌破或突破60MA前後
會有盤整型的反彈

圖3-3　【日線圖觀察】60MA 翻揚＋ 5MA 翻揚＝進場做多的雙重保障

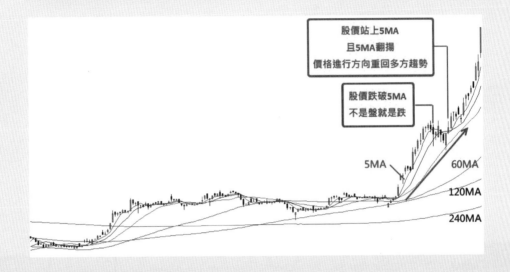

股價站上5MA
且5MA翻揚
價格進行方向重回多方趨勢

股價跌破5MA
不是盤就是跌

5MA

60MA

120MA

240MA

　　圖3-3就是我所謂的「多方標準型態」，這樣的型態是我心中認定的「標準美女標的」，看到它們就像見到美女一樣，就是要用力追求。

　　綜合前面的說明，會長自己偏好的當沖標的，必須是短線、中線、長線都站在多方這一邊。有這樣的標的，我才要進場，也只有在這樣的背景條件下做多，壓力才會比較小。

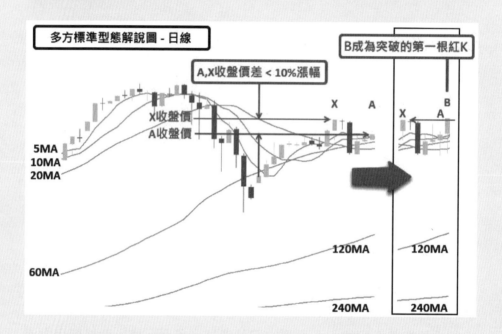

圖3-4　【日線圖觀察】多方標準型態

　　我所謂的「多方標準型態」，必須符合以下條件：

「多方標準型態」的符合條件（圖3-4）
* K線呈現多方趨勢（短天期均線多頭排列 & 60MA上揚）
* K棒A收盤價站上5日線（短期趨勢偏多）
* 準備突破前高 左方K棒X有高點，經過一段下跌修正，股價重新向上轉強，再次接近前高並有機會突破（K棒A與K棒X的收盤價價差在10%漲幅之內，可視為準備突破前高X：隔日K棒B也確實成為突破盤整的第一支紅K）。

圖3-5　【日線圖觀察】多方連續型態＝連續創造新高價的型態

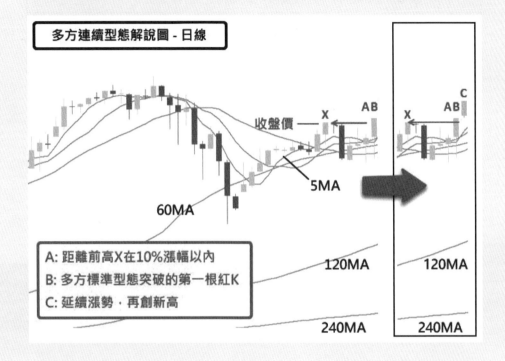

多方連續型態解說圖 - 日線

收盤價

X

AB

X

AB

C

5MA

60MA

120MA

120MA

240MA

240MA

A: 距離前高X在10%漲幅以內
B: 多方標準型態突破的第一根紅K
C: 延續漲勢，再創新高

接下來，會長談論「多方連續型態」，這是一個連續創造新高價的型態。進入連續型態的標的，當日開盤最好是跳空開高，顯示出買氣強勢。

為什麼會加上一個「帶跳空走高」的條件，是因為許多昨天創新高的股票，若隔天不帶跳空，很容易反殺一根長黑。因此，額外加一個帶跳空的條件，讓之後的做多操作添加信心。

簡單來說，我會選進的股票就是昨日剛創新高價，今天預期繼續走強、再創新高。我對「多方連續型態」的定義如下圖所示：

「多方連續型態」的符合條件（圖3-5）
延續多方標準型態的走勢，且收盤價一直維持在5日線之上。
（昨日）K棒B是「多方標準型態突破的第一根紅K」，創新高。
（今日）K棒C開盤跳空開高（氣勢強）。可以找機會再進場，若收盤再創新高，明日可以續盯。

　　初次接觸當沖交易的人可能會質疑，對於昨天創高的股票，怎麼知道那不是最高點？怎麼知道今天進場買進後會不會下跌？

　　散戶往往會預設立場，心中充滿揣測與擔心，不敢追高買進。但其實只要堅守操作準則（跌破前一天收盤價就出場），重新站上買進條件再買回，按照這樣的方式貫徹紀律且反覆執行，就能一直操作、一直抱住，不斷參與上漲氣勢行情，並規避可能的反向急跌行情。

旺季題材交易 ─────

尋找旺季的題材，在旺季的時候或是之前
多加注意甚至提前佈局。例如暑假旺季關
注電玩股或是吃喝玩樂的標的，或是在第
三季季底注意一些聖誕節拉貨的標的。

實戰案例：這5個連續型態
樣貌，得刻在腦海裡

- 案例1：儒鴻（1476）（圖3-6）

  1.整理格局

  2.收盤再創新高（紅K）

  3.站在5日線之上

  唯一的缺點是量能不夠，但姿態已修正、股價處在高點，可以合

圖3-6 連續型態案例　2021.04.16 儒鴻（1476）日K線圖

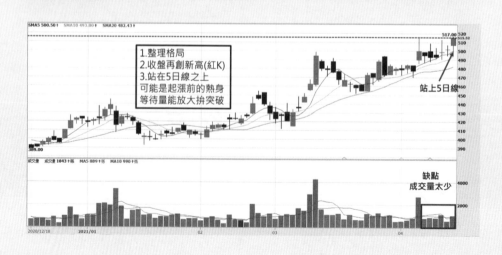

理推測為起漲前的熱身準備。

隔天開盤必須強勢上漲，且有成交量。最好是出量＋跳空上漲，這樣才代表主力有意圖要上攻。

● 案例2：華碩（2357）（圖3-7）

1. 長期整理格局（約1個月）

2. 第一根突破，收盤再創新高（紅K）

3. 可以賭它進入連續型態

前段跳空上漲為公告EPS每股淨賺35元，高於市場預期所導致。除了本身有筆記型電腦相關題材之外，還橫跨主機板領域，屬於熱門股票之一。

前段跳空之後，在高點整理且非常強勢，整理過程正常量縮。

目前已有第一根創高的突破紅K，隔天只要出量＋跳空上漲，就有機會繼續往上漲。

| 圖3-7 | 連續型態案例 | 2021.04.16 華碩（2357）日K線圖 |

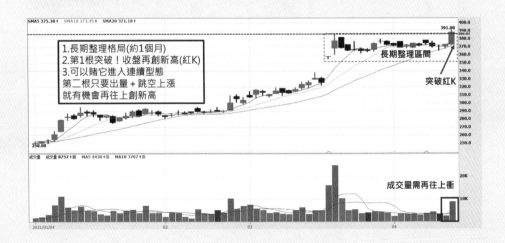

● 案例 3：微星（2377）（圖3-8）

1. 突破盤整區間，收盤創新高

2. 成交量放大

3. 只要開盤跳空上漲＋創新高，就可以續盯或進場賭連續型態

　　只要達到創收盤新高、成交量放大這2個條件，突破K即便留長上影線都無妨。重點在於隔天開盤是否能延續漲勢，最理想狀態是跳空上漲再創新高、成交量放大，就可以順利進入連續型態。

圖3-8	連續型態案例	2021.04.16 微星（2377）日 K 線圖

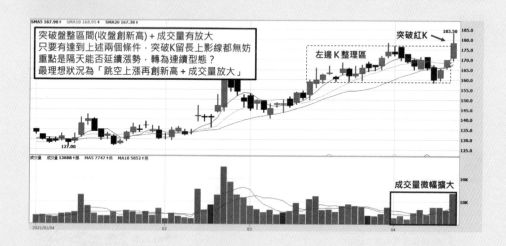

● **案例 4：豐興（2015）（圖3-9）**

1. 沿著5日線緩步上漲

2. 留長上影線收黑，隔天卻拉長紅，要留意是否會重演類似的循環。

按照K棒來看，經常一紅搭一黑，因此拉長紅完隔天早盤是可以考慮的賣點。

圖3-9	連續型態案例	2021.04.16 豐興（2015）日 K 線圖

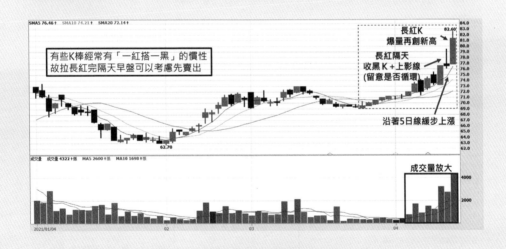

● 案例5：尼克森（3317）（圖 3-10）

1. 成交量明顯擴大

2. 突破左邊K棒

3. 收盤再創新高（紅K）

4. 目前為標準型態

像這類在週五出現第1根突破K的個股，下週一只要續漲就會成為連續型態！

第一天創高突破整理區間即是標準型態，可以適度留單，賭隔天是否轉變為連續型態。即便創高後跌回來，只要有明顯量縮，就可以等它再站上5日線時進場，等待第二次創高突破。

圖3-10	連續型態案例	2021.04.16 尼克森（3317）日 K 線圖

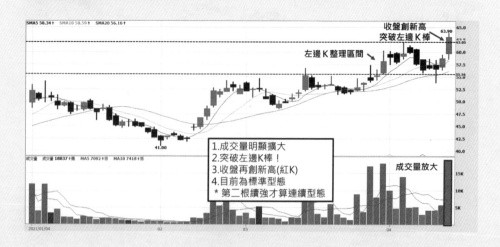

● 重點總整理

連續型態 防守點位	（1）收盤價 （2）當日突破點→高點 若隔天開盤是跳空上漲，進場務必以開盤價為防守點。跌破開盤價就走，站回開盤價要買再買。
沿著5日線緩推 →出量＋拉長紅	短線賣點：在拉長紅當天或隔天早盤（漲停另當別論） ✔ 長紅K定義：收盤至少漲5%以上。
標準型態 找買點	突破整理區間→收盤價再創新高（突破左邊K棒） 買點：隔天出量＋跳空上漲
價格低的個股	主力要開始發動的訊號：跳空＋開高＋越漲成交量越大（咬量） ✔ 變成妖股的機率極高。
連續型態 進場原則	至少開盤要開高。要買就買在開盤價之上（紅盤），一旦翻黑（跌破開盤價）就出場。
標準型態 注意左邊K棒	✔ 標準型態與連續型態的最大差異在於：標準型態前面還有高點。 ✔ 因此要記住左邊K棒位置，等到突破左邊K棒就是絕佳進場時機。 ✔ 假設出量＋跳空，卻沒突破左邊K棒，可以提前賭它突破而進場佈局嗎？當然可以，但要有隨時走人的準備。
止跌K	沿著5日線緩跌→第一天收紅站上5日線→5日線走平→3日不破低→突破左邊K棒就是進場點
短線原則	只怕市場降溫，不怕市場過熱。若是過熱，第一時間跑掉就好。

PART 2

選定觀察族群，
是短波段操作的第一要件

2-1

當沖交易者變多會壓縮獲利，改做短波段是個好選擇

2021年的盤勢與往年有極大差異，尤其是成交量放大許多。過往正常成交量約為1,000～2,000億，但到了2021年完全不一樣，常態成交量至少都在4,000～5,000億附近，低於4,000億就算是量縮，而爆量甚至可以衝到7,000多億的水位。

一旦股市活絡、成交量遽增，將導致當沖參與者變多，而衍生出一個問題：極短線的獲利空間被壓縮得非常小，即便是熱門股也很難有大行情，只要稍微發生一點小波動，就會引起當沖者的反應。

成交量放大→股市參與者增加→當沖者變多→壓縮極短線獲利空間	
價差變短（縮小獲利空間）	即便是一波大漲勢，也可能被壓縮成緩漲逐步向上。
時間（幅度）非常短	突破盤整區間，可能馬上被當沖賣壓殺回起漲點。

在現行交易制度裡，無論是做當沖或隔日沖，都沒有時間讓你猶豫。一旦交易者變多，市場變化的速度就會越來越快。因此，找到目標的當下要馬上進場，否則可能還不到2秒，獲利空間就會被拉開，剛準備要買，股價就衝出去了。停損也是同樣道理，沒有在第一時間狠下心出場，帳面虧損可能馬上擴大為原本的好幾倍。

　　不管是新手還是老手，會長建議大家：「把短線當沖的金額降低」，不要再像以前一樣砸重本，可以多花一點時間做隔日沖，鎖定族群和個股，站上5日線的那一刻先買一點部位，等到再一根紅棒＋5日線翻揚，就開始沿著5日線逐步加碼，做一個短波段操作。

　　沿著5日線操作的短波段，從正式轉強的第1天起，大約有3天的安全期，這也是會長一再強調的：「**站上5日線，通常可以看3天。**」不見得會是連續3根紅K，但理論上第1天站上5日線的K棒很難被跌破，所以盤中怎麼洗其實不用太在意，在站上後的3天內，有很高機率會出現另一波高點。

短波段 1根突破紅K站上5日線 →進場沿著5日線操作	標準型	強勢型
	行情安全期 3～5天	行情安全期 5～8天以上
	成交量是決定強勢與否的最大關鍵	

2-2

如何判斷強勢族群？
資金的流向是重要關鍵

　　短波段操作的第一個要件，就是選定族群。

　　上市資金的流向→鎖定產業別→找資金淨流入的強勢族群→選出主軸個股→開始操作。

● **上市資金流向**（圖 3-11）

　　2021年06月11日

　　電子佔成交比重：44.12％

　　運輸佔成交比重：35.96％

　　乍看之下這2個族群的強弱相差不大，但上市運輸族群（航運/空運/貨運）了不起才30～40檔，反觀上市的泛電子類股（半導體/網通/零組件）粗估至少高達600～700家。由此可知，資金其實是高度集中在運輸族群。

● **產業觀察──只抓前 3 名就好！**（圖 3-12）

　　2021年06月11日

　　成交比重低於10％的產業別，短期內沒有關注的必要，即使會漲也只是零星個股在單兵點火，要鎖定資金淨流入的族群。

圖3-11	上市資金流向		2021.06.12 上市資金流向

上市資金流向		
加權指	+0.31%	4077.68億
商品	金額	比重%
非金指	3888.68億	95.37%
非電指	2166.71億	53.14%
非金電	2089.48億	51.24%
電子指	1799.20億	44.12%
運輸指	1466.38億	35.96%
半導指	958.50億	23.51%
電零指	335.54億	8.23%
光電指	261.20億	6.41%
鋼鐵指	166.71億	4.09%
.....		

乍看之下兩個族群的強弱相差不大，
但上市運輸族群(航/空/貨運)了不起30~40檔，
反觀上市的泛電子類股(半導體/網通/零組件)粗
估至少高達600~700家。
由此可知，資金其實是高度集中在運輸族群。

圖3-12	產業觀察		2021.06.12 上市資金流向

上市資金流向		
加權指	+0.31%	4077.68億
商品	金額	比重%
非金指	3888.68億	95.37%
非電指	2166.71億	53.14%
非金電	2089.48億	51.24%
電子指	1799.20億	44.12%
運輸指	1466.38億	35.96%
半導指	958.50億	23.51%
電零指	335.54億	8.23%
光電指	261.20億	6.41%
鋼鐵指	166.71億	4.09%
.....		

成交比重低於10%的產業別，短期內都沒有關注的必要，
即使會漲也只是零星個股在單兵點火。

2-3

7 個短波段的操作順序，
鎖定標的站上 5 日線

- **（1）鎖定標的，沿 5 日線操作須知**

　　先看月線位階，**若站上所有均線最佳→必須站上 5 日均線且長線屬於多方**→看月線是否有明顯爆量？

　　站上所有均線最佳，但至少要站上 5 日均價線（5T），且月線成交量要比過往月份高出 2～3 倍。

- **（2）短波段的週線重點**

　　只要站上 5 日均價線（5T），長期趨勢就是往上漲。

　　從週線角度來看，即便行情升溫（連續紅 K），只要還沒站上 5 日均價線，中線和短線都不宜太樂觀看待。無論週線或月線，至少要先站上 5 日均價線，才有行情可以期待，若能站上所有均線＋成交量同步放大則最佳。

- **（3）短波段判斷**

　　上方有季線壓力：在季線以下的股票通常漲勢很難連續，因此短波段接近 5 日線也不去低接，可以先收錄來觀察，但至少站上 60 日線（季線）再操作。

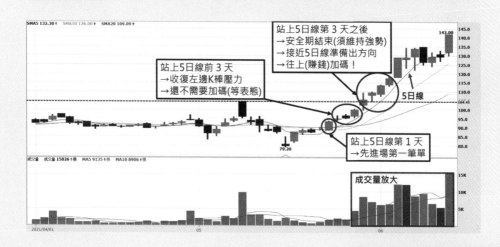

圖3-13　　股價站上 5 日線　　2021.06.11 騰輝電子 -KY（6672）日 K 線圖

站上5日線第3天之後
→安全期結束(須維持強勢)
→接近5日線準備出方向
→往上(賺錢)加碼！

站上5日線前3天
→收復左邊K棒壓力
→還不需要加碼(等表態)

5日線

站上5日線第1天
→先進場第一筆單

成交量放大

　　站上季線＋5日線之上：若要做短波段低接，5日線是首選觀察重點。5日線翻揚＋不破最低點（站上5日線當天的收盤價），就可以沿著5日線操作。

•（4）短波段沿 5 日線操作

　　沿著5日線操作的守則：站上第1天先買進。

　　目前在所有均線之上→對應最近左邊K棒找壓力（看收盤價就好，可以忽略上下影線）→沿5日線操作。

　　如果左邊K棒沒有收盤價可對應，則用開盤價作為基準，因為開盤價、收盤價通常是主力參與度最高的價位，代表市場方向。

•（5）沿 5 日線操作，判斷是否加碼（圖 3-13）

　　1. 往上賺錢才加碼。

　　2. 個股5日線逐步上揚才加碼。

　　要走出波段格局，5日線必須逐步上揚。假設在股價不跌破5日線的前提下，當股價進入短期整理，5日線會慢慢往上靠攏接近現價，此時可以留意加碼點。

　　已有庫存的加碼原則：

　　1. 買在突破壓力的時候（看左邊K棒）。

　　2. 當天K棒必須收紅。

　　3. 越接近尾盤，才能確認是否真的突破壓力。若盤中就突破壓力，可以先買一點；若尾盤確定站上壓力，再買第二批；若尾盤仍無法站上壓力，建議把盤中的加碼單出清。

● （6）加碼 & 賣點判斷

　　前提：5日線不變、K棒續創新高。

　　符合上述前提，每天都是加碼點，但尾盤買最安穩也最簡單，就是確定創高再買。

　　短波段賣點：破5日線全部出清。

　　做波段時，如果發現5日線乖離過大，可以**抓近2根K棒收盤價為基準，若跌破至少先減碼一半。如果跌破5日線，則全數出清。**

● （7）成交量的重要性

　　股性與動能高度相關。要做短波段，如果週線＋月線成交量沒有明顯爆量，漲勢很不容易連續，因此站上所有均線＋週/月線成交量爆量的股票會是首選。

● 案例解析：萬海（2615）（圖 3-14）

　　2021年06月11日萬海走勢圖

（1）**2021年05月18日→站上5日線**

上方還有均線壓力，不要期待太多。

（2）**2021年05月19日→站上所有均線**

正式起算，開始沿著5日線進場操作短波段。過程中，只要K棒持續創高，可以對應左邊K棒，尾盤或收盤確定突破就加碼。

（3）**2021年05月25日**

若跌破左邊2根K棒→至少先減碼一半

若接下來有創高（突破左邊K棒壓力）→繼續加碼。

（4）**2021年06月04日**

若跌破左邊2根K棒＋5日線→全部出場

（5）**2021年06月11日**

假設K棒有創高就加碼，且加碼單全部買收盤，整個波段還是能賺將近100％。

● <u>**短波段總結**</u>

1. 找資金淨流入族群

2. 比對K線型態找個股

3. 週線/月線明顯出量

K線型態：日/週/月站上所有均線＋5日線翻揚為最佳。

週線/月線出量，漲勢才有連續性。

圖3-14　沿 5 日線操作　　　　2021.06.11 萬海（2615）日 K 線圖

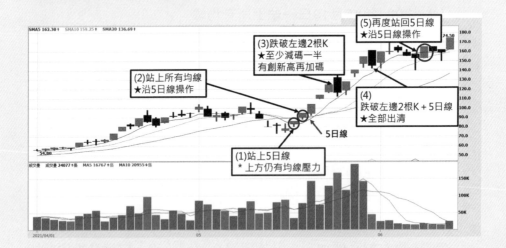

（5）再度站回5日線
★沿5日線操作

（3）跌破左邊2根K
★至少減碼一半
有創新高再加碼

（2）站上所有均線
★沿5日線操作

（4）
跌破左邊2根K＋5日線
★全部出清

5日線

（1）站上5日線
＊上方仍有均線壓力

賭輸博大
是畢業的第一步 ──

切忌一直想賺大錢,輸錢又想贏回來。
「賭輸博大」只會越賠越多。

PART 3

強勢族群打群架：
關鍵是找到主流部隊

打群架由誰帶頭？A 漲帶動 B 漲，再找二線股補位

• 族群打群架，由誰在帶頭？

A股漲帶動B股、C股跟漲，某個產業今天很強勢，找當天誰最強且K線型態最佳，帶動哪一些二線標的？最高位階（股價最高點）和最低位階（股價相對低點）的，也都要抓出來觀察。

• 若股票要做多，需要滿足什麼條件？（圖 3-15）

（1）站上開盤價：至少要站在開盤價之上，當開盤價被跌破代表今天會收黑K，而K棒收黑通常容易往下發展。

（2）站上均價線：股價若在均價線之上，代表賺錢的人多，比較不容易有賣壓。股價若在均價線之下，代表套牢的人多，股價容易往下發展，因為越跌會有越多人想停損，想買的人也會卻步。

• 假設你是短線交易者

什麼狀況代表股價有轉弱疑慮出現？

（1）跌破均價線：股票要買強不買弱，跌破均價線的股票只能觀察，先不要買，除非站回或是尾盤再說。

（2）價格趨勢線：成交價格波動，只需要觀察每一波高點與反

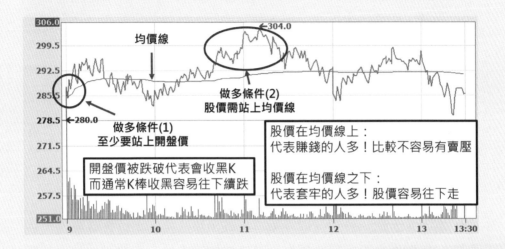

圖3-15　做多需滿足條件　　　　　　2021.07.16 萬海（2615）當日走勢

均價線

←304.0

做多條件(2)
股價需站上均價線

←280.0

做多條件(1)
至少要站上開盤價

開盤價被跌破代表會收黑K
而通常K棒收黑容易往下續跌

股價在均價線上：
代表賺錢的人多！比較不容易有賣壓

股價在均價線之下：
代表套牢的人多！股價容易往下走

折下來的低點，便可作為極短線防守的參考。

✔ 一波上漲完，如果價格反折過大，建議不要進場；如果價格反折一點點，則可以關注。

✔ 如果股價到高點卻未過前高，要注意低點有沒有再被跌破，若低點破了價格，很容易繼續往下走。

● 價格趨勢線 vs. 分K線

做短線交易時，如果不看價格趨勢線，要看分K線當然也可以。但是，逐筆撮合需要看5分K嗎？會長認為不用，因為價格趨勢線本身類似1分K的概念。

會長不反對看分K，但自己已經不看分K了，習慣直接參考更即時的價格趨勢線。

• 股價高檔鈍化

股價發動第二波上漲卻未過前高，依照價格趨勢來看，已經出現鈍化訊號（即價格未再往上），此時要開始準備防守點位，因為價格可能隨時往下跌。

當價格往下跌，若跌破趨勢線前低，按照短線角度來看，至少要先停手或分批停利；若是跌破均價線，隨時要有出場的準備，並抓開盤價做防守。

• 第二次買進時機

跌破均價線後，第一次反彈又站回的時候，需要進場嗎？

還不要衝動，會長習慣等第二隻腳出現（第二波反彈高點），因為第一隻腳通常不確定性較高，而且均價線處於下彎趨勢，適合的買點還沒到（圖3-16）。

• 「底底低」通常不適合進場

會長偏好的高低腳類型：前段股價已破低點，反彈起來壓回後不破前段低點，也就是「底底高」。

「底底低」的觀察重點：至少要過第一隻腳的反彈高點，多方的強度才算是足夠。

短線急拉完的回跌要不要賣？觀察市場氣氛再說，原則上抓趨勢線前高做防守。

假設買點在剛好突破的位置，那麼回跌時要觀察突破的點位有沒有被跌破。

• 突破高點後第一次壓回，第二次再攻高（接近漲停）

當第二次反彈拉起來，理論上要去點漲停，若沒有漲停，隨時要

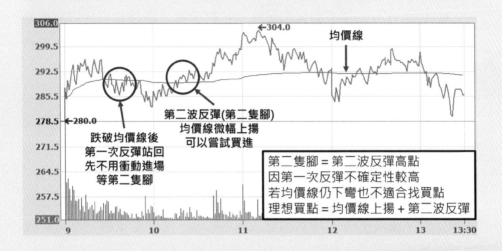

圖3-16　看第二隻腳找買點　　2021.07.16 萬海（2615）當日走勢

準備出場。第一次突破高點拉出空間，第二次突破前高若沒有拉出太大空間，就要嚴格抓趨勢線前高做防守。

• 如何判斷股票好不好

個股在早盤跌破均價線→拉起來沒過高→在尾盤又跌破均價線，則建議不要再碰。

• 股價往上走關鍵

上漲要出量，下跌要量縮

極短線價格趨勢判斷：內外5檔總掛單

• 5 檔報價單邊不平衡

✔ **平穩狀態＝內外盤掛單的總張數差不多**

當內外盤其中一邊的掛單量，突然暴增為另外一邊的2～3倍，代

表極短線很可能會往該方向走。

✔ 內盤（紅色）掛單量＞外盤（綠色）掛單量

這代表買方已經不願意用更高價格買股票，選擇被動掛買單看誰要賣。此時賣方容易主動倒貨給左邊的內盤掛單，理論上價格趨勢會往下發展。

✔ 外盤（綠色）掛單量＞內盤（紅色）掛單量

這代表賣方已經不願意用更低價格出貨，選擇被動掛賣單等別人買。屬於買方堆疊買氣並開始進攻的時機，理論上價格趨勢會開始向上發展。

內盤掛大單通常視為防守，當個股當日短線推升後，出現內盤掛大單，當下準備防守！通常內盤大單被K破，漲勢結束機率高，可先出場觀望。

外盤掛大單，個股當日趨勢往上可視為主力心態往上做價企圖理由，上漲出量、價量配合即為攻擊訊號。

3-2

怎麼找主流部隊？
從型態和價量判斷起漲的族群

　　綜觀2020～2021年的行情，最令人印象深刻的強勢族群就是航運。每一個族群的誕生都會有所謂的「主流部隊」，也就是俗稱的一線股。通常要等一線股漲完一大段之後，二線股才會跟著漲，而不管是一線股或二線股，都有各自的領頭羊在帶動。

　　怎麼找到族群的領頭羊？最簡單的方式就是從「型態」與「價量」來判斷。打開細產業的K棒來看，每一個準備起漲的族群幾乎都屬於多方趨勢，例如航運就是多方趨勢且型態強的典型案例。

實戰案例：富鼎（8261）
電子族群

- **電子產業：早盤漲超過 5％→強勢**

  開始在電子產業找族群性。

  富鼎（8261）率先亮燈漲停→找到相關族群（圖3-17）

  細產業族群如下：強茂（2481）、尼克森（3317）、台半（5425）、杰力（5299）、大中（6435）、光磊（2340）、統懋（2434）、鼎元（2426）、虹冠電（3257）

- **短線可沿 5 日線操作，型態強（漲 5％以上），有大量（超過昨量）**

  2021年7月2日，收盤再創波段反彈新高，對應左邊K棒

  →前段頭部壓力價約為82元，已突破。（圖3-18）

- **早盤強勢上漲**

  對照相同產業中的其他類股狀況。

圖3-17　強勢族群觀察　　2021.07.02 富鼎（8261）當日走勢

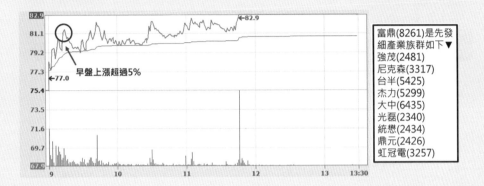

富鼎(8261)是先發
細產業族群如下▼
強茂(2481)
尼克森(3317)
台半(5425)
杰力(5299)
大中(6435)
光磊(2340)
統懋(2434)
鼎元(2426)
虹冠電(3257)

早盤上漲超過5%

圖3-18　對應左邊 K 棒　　2021.07.02 富鼎（8261）日 K 線圖

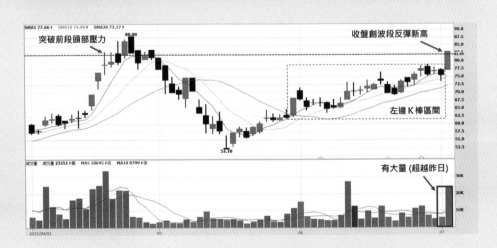

突破前段頭部壓力

收盤創波段反彈新高

左邊 K 棒區間

有大量 (超越昨日)

（1）台半（5425）（圖3-19）

2021.07.02當日走勢→早盤漲2.26％

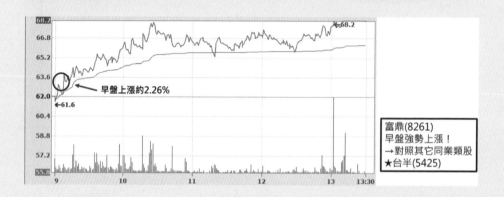

圖3-19 富鼎（8261）同族群對照 2021.07.02 台半（5425）當日走勢

（2）尼克森（3317）（圖3-20）

2021.07.02當日走勢→早盤漲2.76％

圖3-20 富鼎（8261）同族群對照2021.07.02 尼克森（3317）當日走勢

（3）強茂（2481）（圖3-21）

2021.07.02當日走勢→早盤漲約4％

圖3-21　富鼎（8261）同族群對照　2021.07.02 強茂（2481）當日走勢

富鼎(8261)
早盤強勢上漲！
→對照其它同業類股
★強茂(2481)

（4）鼎元（2426）（圖3-22）

2021.07.02當日走勢→早盤漲約0.6％

圖3-22　富鼎（8261）同族群對照　2021.07.02 鼎元（2426）當日走勢

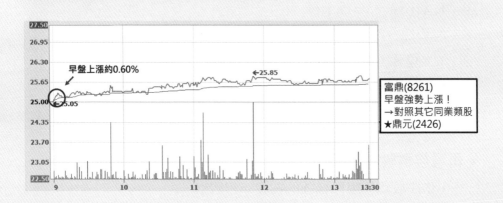

富鼎(8261)
早盤強勢上漲！
→對照其它同業類股
★鼎元(2426)

（5）虹冠電（3257）（圖3-23）

2021.07.02當日走勢→早盤在平盤附近

| 圖3-23 | 富鼎（8261）同族群對照2021.07.02 虹冠電（3257）當日走勢 |

早盤在平盤附近整理

←77.7

←75.4

富鼎(8261)
早盤強勢上漲！
→對照其它同業類股
★虹冠電(3257)

- **上述案例做為觀察族群性的基礎**

  開盤→發現富鼎強勢上漲→開始按照步驟觀察

- **看個股狀況**

  1. 看K線→5日線上揚

  2. 姿態→站上所有均線，呈現多頭架構

  3. K棒強→跳空大紅K，漲幅大於5％

  4. 成交量→明顯擴量

  如果符合以上4點，進入下個階段。

- **再看族群性**

  1.依序收錄型態同樣強的個股一起觀察

台半（5425）、尼克森（3317）、強茂（2481）

2.開始盯盤

從當日角度解盤：族群帶頭股（領頭羊）的氣勢不能弱，族群內至少要先有一線股率先漲停，後面的二線股才有辦法跟上。一線股即使不漲停，也要維持在高檔整理，才能夠維持其他個股價量。

● 主力帶量上攻，才是漲真的！（圖3-24、圖3-25）

當一支股票開盤往上衝，氣勢也維持住，漲幅達到7％以上時，要隨時有進入高檔整理的心理準備，而且可能直衝漲停。

如果上攻至8～9％又反跌回來，最後的防守點位要抓7％，通常不太會跌破。

沿著趨勢走↗＊均價線不能下彎

| 圖3-24 | 沿著趨勢走 | 2021.07.02 富鼎（8261）當日走勢 |

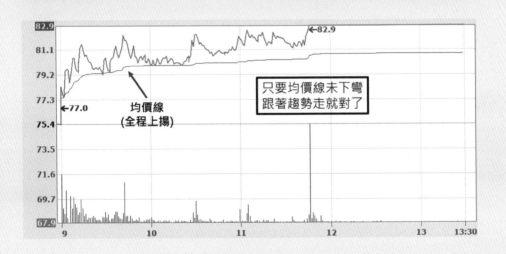

圖3-25 主力買盤進駐　　　　2021.07.02 富鼎（8261）當日走勢

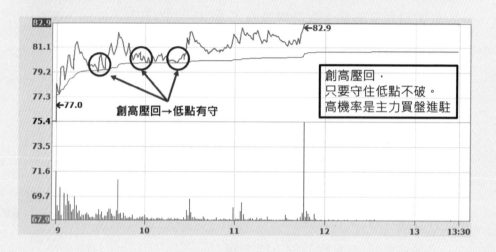

創高壓回→低點有守

創高壓回，
只要守住低點不破。
高機率是主力買盤進駐

尊重市場 ———

順勢交易比較容易，市場永遠不會錯，會犯
錯的永遠是自己。當市場方向與自身評估不
同時，就需要立即退場。

3-4

實戰案例：聚和（6509）
化學工業族群

- ### 化學工業族群：前面已漲一大段→典型妖股

  開盤直接上攻，9點5分之前鎖漲停。

  連續上漲完→漲停隔天打開→出量再創新高

  會長口訣：創新高價＋新高量＋收黑K→隔天開盤，氣勢很重要，必須開高才能夠化解。

  ・若開高則不能翻黑

  ・若開高又衝高，該黑**K**可以視為是洗盤

- ### 聚和（6509）創新高價＋新高量＋收黑 K（圖 3-26）

  隔天開盤強勢漲停，開盤價就超過昨收。9點5分就衝漲停，來不及買到，怎麼辦？

  檢查化工族群當中還有誰尚未發動，找姿態好的標的，有機會盯到康普（4739）和中碳（1723）。

  檢查完領頭羊，觀察同族群中氣勢最強的2、3支即可，不用看剩下的。

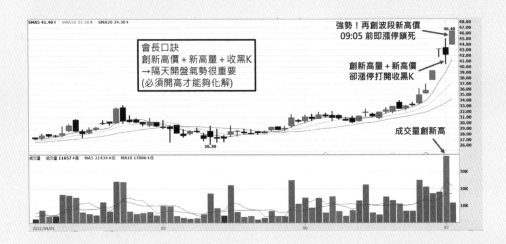

圖3-26　典型妖股案例　　2021.07.02 聚和（6509）日 K 線圖

- # 康普（4739）：開盤氣勢夠強（圖 3-27、圖 3-28）

正確來說，應該屬於車用電子類化工，但統一分類在化工族群內。

1. 站上5日線

2. 5日線翻揚

3. 近期有明顯量增

符合強勢條件，因此立刻收錄起來。

- # 中碳（1723）：型態不錯（圖 3-29）

1. 5日線之上

2. 5日線翻揚

雖然型態不錯，但唯獨成交量沒有放大，因此暫時不收錄為觀察名單。

圖3-27 聚和（6509）同族群對照 2021.07.02 康普（4739）日 K 線圖

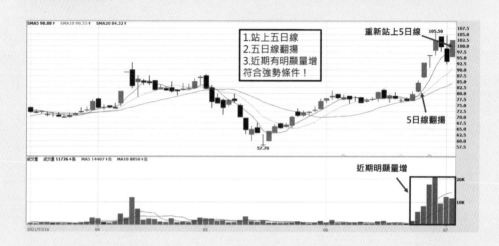

圖3-28 聚和（6509）同族群對照 2021.07.02 康普（4739）當日走勢

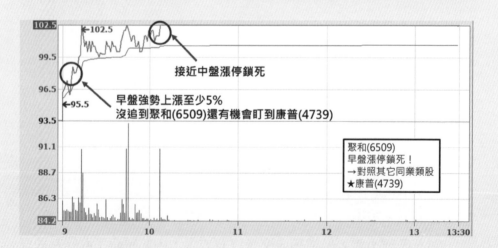

圖3-29 聚和（6509）同族群對照 2021.07.02 中碳（1723）日 K 線圖

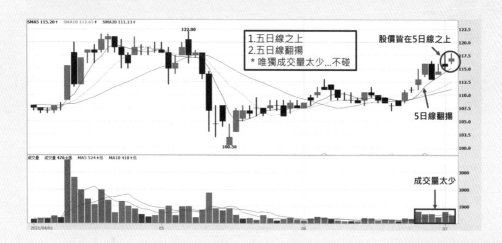

3-5

實戰案例：騰輝電子—KY（6672）銅箔基板

- 銅箔基板

  早盤漲幅未達5%→可能不理會

  尾盤急拉→開始關注、找同族群強勢股

  從銅箔基板族群的表現，可以得知騰輝電子—KY（6672）的急拉（圖3-30），並未帶動同族群的其他個股上漲，屬於單兵點火，因

圖3-30 騰輝電子—KY（6672）2021.07.02 騰輝電子—KY（6672）當日走勢

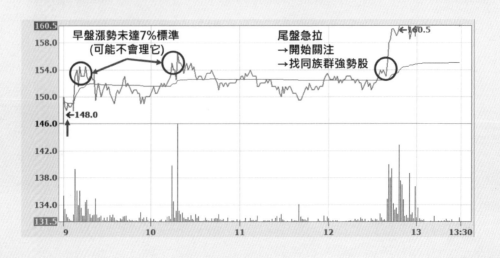

圖3-31	騰輝電子—KY（6672）相關族群

2021.07.02 銅箔基板族群表現			
股號	名稱	收盤價	漲跌
6672	騰輝電子-KY	160.50	+14.50 (+9.93%)
6274	台燿	117.50	+4.00 (+3.52%)
6213	聯茂	140.50	+0.50 (+0.36%)
1303	南亞	84.50	+0.60 (+0.72%)
2383	台光電	216.50	+6.50 (+3.10%)
.....			

> 從銅箔基板族群的表現可得知，
> 騰輝電子—KY(6672)的急拉，
> 並未帶動同族群的其他個股上漲，屬於單兵點火，
> 因此無法從族群性找到其他可入手的目標。

此無法從族群性找到其他可入手的目標。（圖3-31）

● 族群中要買當天最強的

族群內有個股鎖漲停的最好。

貨櫃航運族群平常都是由貨櫃三雄帶動，但族群性操作一切，以「當天」為主軸，重點是股價＋量能的表現，因此選出的個股不一定是此族群的龍頭或主流。

2021年7月2日，在貨櫃航運族群當中，表現最強的是台航（2617），如果盤中進場，要買也是優先買台航，而非平日領頭的一線股，像是長榮、陽明（2609）、萬海（2615）。（圖3-32）

圖3-32	要買當天族群裡的最強個股

2021.07.02 貨櫃航運族群表現			
股號	名稱	收盤價	漲跌幅
2617	台航	73.80	+1.90 (+2.64%)
2603	長榮	206.50	-6.50 (-3.05%)
2609	陽明	191.00	-5.00 (-2.55%)
2615	萬海	326.50	-9.50 (-2.83%)
.....			

航運族群平常都是由貨櫃三雄在帶動，
但族群性操作一切，以「當天」為主軸，
重點是股價＋量能的表現（若有漲停更佳），
因此選出的個股不一定是此族群的龍頭或主流。

勿被盤面氣氛帶著走 ━━━━━

主力喜歡營造盤面氣氛，讓散戶紛紛進場，做出違反常態的行為，進而倒貨。

3-6

實戰案例：
亞聚（1308）塑化類股

2021年7月2日，在塑化類股當中，表現最強的是亞聚（1308），開盤直接跳空漲停，約9點40分漲停打開。（圖3-33）

同一時間馬上輪到台聚（1304）（圖3-34）、台達化（1309）（圖3-35）漲停打開。

在盯塑化類股的時候，當然上述3支都要納入，不過以當天表現來說，盤中絕對是優先盯最強的亞聚。

| 圖3-33 | 塑化類股表現 | 2021.07.02 亞聚（1308）當日走勢 |

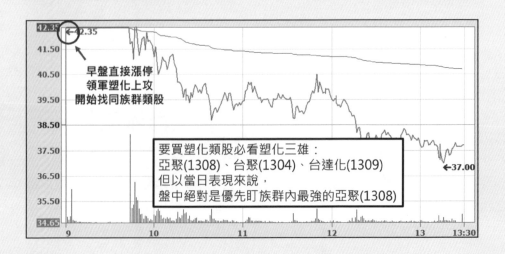

早盤直接漲停
領軍塑化上攻
開始找同族群類股

要買塑化類股必看塑化三雄：
亞聚(1308)、台聚(1304)、台達化(1309)
但以當日表現來說，
盤中絕對是優先盯族群內最強的亞聚(1308)

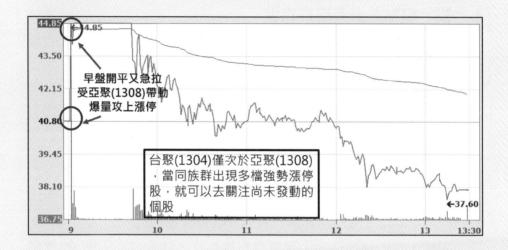

圖3-34　塑化類股表現　　2021.07.02 台聚（1304）當日走勢

早盤開平又急拉
受亞聚(1308)帶動
爆量攻上漲停

台聚(1304)僅次於亞聚(1308)
，當同族群出現多檔強勢漲停
股，就可以去關注尚未發動的
個股

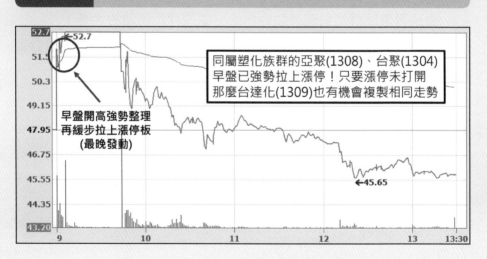

圖3-35　塑化類股表現　　2021.07.02 台達化（1309）當日走勢

同屬塑化族群的亞聚(1308)、台聚(1304)
早盤已強勢拉上漲停！只要漲停未打開
那麼台達化(1309)也有機會複製相同走勢

早盤開高強勢整理
再緩步拉上漲停板
(最晚發動)

開盤直接漲停後，找第2強的台聚或第3強的台達化。

● 一檔一檔點進去看族群表現

個別觀察族群性→確認族群性強勢→往下找第2～3名→比對型態、K線、成交量→決定要不要做

● 族群打群架白話解釋

會長習慣在軟體盤中收錄「漲停股」清單。

收錄漲停股的原則：族群中有個股漲停是首選（因為夠強勢）。

只要族群性夠強，一支接一支漲停並非不可能。族群老大率先漲停→老二、老三、老四都強勢→有機會陸續漲停。

因此，在短線操作上，儘量找有族群性（連動度高）的前3檔個股，會更輕鬆。

＊一底比一底高：這檔可能有主力大戶在顧，要優先收錄。

會長習慣族群強勢買最強的標的，要做就做帶頭的大哥！

二哥三弟……基本上都是跟漲的，當大哥跑路時，二弟三弟會死更快。

3-7

整理重點：魔鬼藏在細節裡，讓你一次都看懂

✔ 收錄族群 　→挑個股 　→操作原則	1. 首選是 5 日線翻揚 2. K 棒強度至少 3%。會長是抓 5%，投資者自行彈性調整。 3. 成交量放大，至少要超過昨天的量。	
✔ 單兵點火	族群中最強的只有一支。若沒有因族群性而帶動其他個股時，可以轉換目標挑別的。	
✔ 族群性打群架概念	若強勢股已鎖漲停 →觀察是否有族群性 →往下找同族群中氣勢較強（滾量急拉）的個股進場。	出現帶量急拉 →過高→考慮追 ＊會長個人會追買
✔ 觀察族群氣勢	早盤快速收錄： 族群前 3 支當中，若帶頭的在拉，第 2、3 名也表現不錯，就可以開始納入觀察與比對	比對重點： 1. K 線型態 2. 5 日線翻揚 3. K 棒強度（紅 K/ 跳空） 4. 成交量（大於昨量）
✔ 族群性要找有量的 ✔ 有量有價是重點	當天千萬不要找「成交市值」低於 1 億的股票。 若佔比太小，股價容易被主力操縱。	成交量大小的盲點： 高價股的成交量看似很少，不代表沒行情，假設它 1 張股價 2,000 元，成交市值很容易破億。
✔ 族群性交叉	一支個股可能橫跨不同族群，所以在盤中反覆收錄，可以加深你對個股或族群的認識。經驗累積久了，便能掌握不同族群的連動關係。	例如：富鼎（8261）在收錄「電晶體」、「IC 設計」等細產業時，都有出現。
✔ 遇到下殺想低接？ 先觀察族群性	若目前個股已下跌一段，但同族群領頭羊開始上漲，就可以拚拚看反彈機會。	若目前個股已下跌一段，而同族群領頭羊也開始走跌，不建議進場低接。

PART 4

權值股低接操作法：
把握 3 條件與 6 技巧

4-1 鎖定法人進駐的高價權值股，找關鍵時機、確保勝率再出手

運用低接操作法時，應以法人持股比例高的個股為目標。

所謂「高價、權值、法人」的定義如下：

（1）找股票價格高的。

（2）擁有產業龍頭地位。

（3）法人正在買超。

權值股通常都有大量外資進駐，如果按照股票價格高低排序，在300元到1,000多元的區間內，外資持股比率非常高。**因此，我們不單只看權值股，而是把範圍縮小，鎖定有法人進駐的「高價權值股」。**

• 符合「高價股、權值股、法人買超」三大條件

（1）產業龍頭地位：IC設計產業龍頭＋題材多元。

（2）外資持股比率：60～70％。

（3）法人動向：外資與投信持續買超（內外資同調）。

舉例：對於瑞昱（2379）這種權值股的一波漲勢，只要沿著5日線操作即可（圖3-36）。

• 操作技巧 1：基本守則

（1）沿著5日線操作。

圖3-36　實戰案例：瑞昱（2379）　2021.02.05 瑞昱（2379）日K線圖

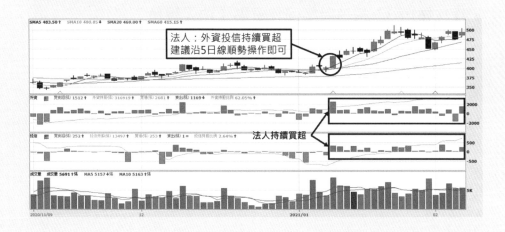

（2）早盤賣、尾盤買：早盤開高，10點前後在高點回落，此時可先賣出；待尾盤再考慮是否買回。

（3）短線需要關注法人連續買超的股票。

（4）破5日線低接法則。

（5）權值股搶反彈抓3～5天。

（6）補位對應龍頭股。

龍頭權值股帶動相關產業的順序，舉例如下：

・台積電（2330）──IC半導體

・聯發科（2454）──IC設計

● 操作技巧2：高價法人權值股必須要有補位效果

舉例說明補位效果，聯發科的股價通常不容易噴出，但只要能站穩5日線之上，且趨勢不要太弱，至少要維持與台積電差不多，即便漲完一天就進入休息，隔天同族群的其他高價股也有機會延續漲勢。

聯發科（2454）目前常見的補位股是聯詠（3034）、瑞昱（2379）

● 操作技巧 3：權值股壓回找買點（法人視角）

權值股若出現急殺，高手和法人都喜歡在月線附近分批低接。

面對權值股急速下殺，搶反彈的勝率相對高，尤其尾盤下午1點過後，權值股若出現宣洩式賣壓，股價已跌至月線附近，就是不錯的買點。

不是亂買權值股就會賺，必須以盤面主軸為目標，最常見的像是電子IC半導體。確認趨勢後，開始專心看台積電、聯發科，關注它們各自帶出來的補位類股，例如：聯詠、瑞昱，並且尋找適合低接的買點。

● 操作技巧 4：權值股壓回找買點（散戶視角）

一般投資人不是主力大戶，手上資金十分有限，必須確保勝率極高再出手，所以不會在大跌當天進場，而是在隔天觀察趨勢無誤後，才開始買入搶反彈。

（1）觀察月線、大盤趨勢

以權值股來說，一波漲勢結束且跌破5日線的回檔，搶反彈都先看月線為基準，同時搭配大盤判斷，若大盤強、個股跌，也不要碰。

（2）出現止跌紅K

漲幅至少要吞噬前一天跌幅的50％，因此等到尾盤確定收紅K且強勢反彈時，要買再買。

大跌隔天，如果在月線附近卻沒有站上5日線，那還要買嗎？會長告訴你，若出現止跌紅K就可以，但要買就買尾盤，因為尾盤才能確定收紅。搶反彈最保險抓3天，第一天若還沒站上5日線、若出現止跌紅K，也是可以買，但建議分批進場，同時搭配大盤趨勢去判斷。

● 操作技巧5：搶反彈如何進場？

為什麼只抓3天就先賣出？大跌過後，反彈第1天即便未站回5日線，若符合站回月線或10日線、止跌紅K吞噬50％跌幅，要買也可以，但記得「分批進場」，小心不要全押。

反彈波延續至第3天，基本上會再突破前高。若第3天未突破前高甚至翻黑，則當天尾盤和第4天不會再有適合進場的買點。

一般反彈延續3～5天都有可能，但為了操作安全，抓第3天先減碼賣一趟，此時通常會接近前波高點，除非隔天繼續創新高，若要買再買回來。

● 操作技巧6：低接高價權值股（圖3-37）

假設第3天賣出，仍然需要持續關注。

以瑞昱在2021年2月3～4日的走勢為例。

（1）若反彈完第4天出現急跌下殺→跌破2根K、接近5日線、但未跌破→可以考慮買尾盤。

（2）隔天（第5天）開盤，若跌破5日線就走人，因為5日線被跌破，很容易轉為空方趨勢，錢繼續卡在這裡沒有意義。一波壓回破5日線→等股價殺至月線附近且收長黑K棒→隔天進場低接。建議搶反彈操作抓3天為限，反彈第3天賣出最安全。

（3）大量賣壓宣洩。股價自高檔回落→跌破5日線並下殺至月線附近（高手才買急殺當天，我們為了確保安全先不買）→真正大量賣壓宣洩→確認收長黑K→隔天重點關注是否反彈。（搭配大盤走勢，最理想是大盤強＋個股強。）

（4）反彈第1天：出現止跌紅K（吞噬前1天黑K至少50％跌幅）→尾盤低接進場買進。

（5）反彈第2天：若成功站上5日線→再買一次

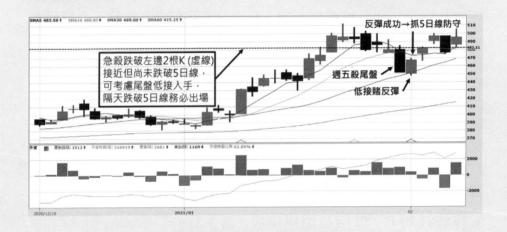

圖3-37　低價高價法人權值股　　2021.02.05 瑞昱（2379）日K線圖

（6）反彈第3～5天：第3天早盤先賣出獲利了結→若遇到急殺至5日線附近，可以考慮低接→只要跌破5日線一律走人。

三種操作者常犯，
不停損的情形 ————

一、因消息面錯誤阻礙停損。

二、錯過出場點後停不下手。

三、存僥倖心態不想輸錢凹單。

實戰案例：聯詠（3034）
練習操作技巧，一次就學會

● 操作技巧 1：法人動向（圖 3-38）

外資有買有賣（賣超居多），投信無明顯方向，因此法人動向不明，未出現連續性買超，比起瑞昱（2379），抱起來會比較沒信心。

黑K下殺過後，在2021年2月1日當天出現止跌紅K並站上5日線，此時可以先買進，在反彈的第3天早盤賣出。

如果賣完隔天（第4天）又再創高時，可以進場嗎？

會長認為可以，因為它仍守在5日線之上，而且5日線上揚，買進後很有機會賭到第5天的跳空上漲。但是，我還是習慣只做3天。

● 操作技巧 2：假設買在止跌紅 K

如果當天或隔天出現一根長黑下殺，要不要停損？要！只要破底一定賣，除非又強勢漲回來。即便沒有破底，只是單純收黑K棒，也要隨時準備賣，因為不強勢。

遇到這種權值股急跌下殺，可以預期反彈至少3天，如果不連續就要隨時準備出場，因為可能是假反彈。

● 操作技巧 3：怎麼樣才算反彈？

股價「每天都有創高」，才代表是在反彈階段。收黑K甚至破

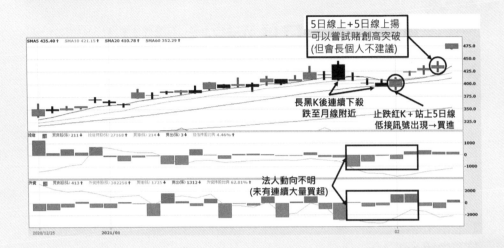

圖3-38　實戰案例：聯詠（3034）　2021.02.05 聯詠（3034）日K線圖

底，都是弱勢表現而非反彈。從出現止跌紅K當天開始起算3天內，搶反彈相對安全，即便不漲也不會賠到什麼錢。

● 操作技巧4：第4天之後還可以買嗎？

很少看過權值股反彈超過5天，3天還是相對安全。如果真的要買第4～5天，建議至少在5日線還上揚、收盤創新高的狀況下進場。

反彈第4～5天過後，若出現帶跳空的上漲紅K，理論上會進入整理階段，但不代表之後不會漲，此時要抓跳空缺口上緣、跳空當天的開盤價作為防守點位。

● 操作技巧5：補位效應

聯發科對應聯詠、瑞昱，那麼台積電到底對應誰？

大多數人都覺得台積電應該對應半導體類股，但會長認為兩者的關聯性很低，它通常會走自己的路，而且與IC封測高度連動。

4-3

實戰案例：日月光投控（3711）
外資和投信持續買超

法人動向：外資與投信持續買超（內外資同調）。

操作流程如下：

・法人持續買→跌下來→法人未賣出→出現止跌紅K→進場搶反彈（先買一點）。

・隔天站上5日現再加碼。

・第3天早盤先賣出（反彈抓3天最安穩）。

・第4天壓回接近5日線→尾盤再買一次。

圖3-39	日月光投控（3711） 2021.02.05 日月光投控（3711）日 K 線圖

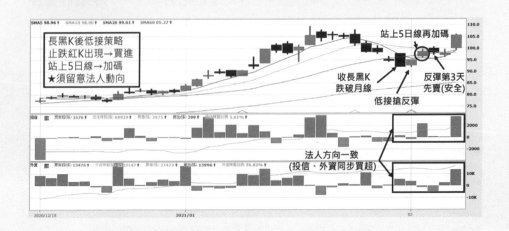

存僥倖心態
不想輸錢凹單 —————

投資理財有賺有賠,賠錢是正常的現象。
重點是發現賠錢以後,要盡快止血,不要
讓傷害繼續擴大。手上持有現金,投資其
他標的,才有機會把輸的錢再贏回來。

4-4 實戰案例：台達電（2308）已上漲 2 階段，進入中段整理

已上漲兩階段→進入中段整理。

法人動向：投信未有明顯參與；外資賣多買少，以籌碼面來說不符合策略。

單就技術面探討，2021年1月18日當天急跌下殺接近月線→隔天出現止跌紅K→買尾盤→隔天未破低點就續抱→反彈第3天早盤先賣出。

第4天：收長黑K又破5日線→不理它

第5天：出現止跌紅K→買尾盤→隔天創高、但又收黑K→抓第5天開盤價為停損點，不能跌破→只要跌破就走人，暫時不要碰。

• 什麼時候不要搶反彈？

（1）最好不要碰法人持續賣超的股票，台達電（2308）就是範例，一波小反彈後就開始往下走。

（2）做一次低接策略若失敗，第二次又有反彈也暫時不要碰這檔股票。

（3）第二次跌破10日線又反彈，這種股票已經不適用低接操作的邏輯（可能是死貓跳，反彈完殺一波大的），先關注它的整理狀況即可。

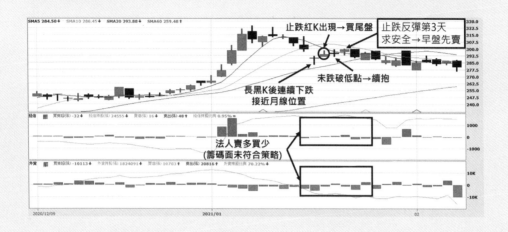

圖3-40　台達電（2308）　　2021.02.05 台達電（2308）日K線圖

那麼，什麼時候可以再碰？

在月線下彎、各均線交錯的狀態下，突然出現1根長紅K，並站上所有均線後，再予以關注。

PART  5

權值股下殺操作法：
觀察反彈格局與氣勢

週五權值股下殺，大量賣壓宣洩，
下週一開盤搶反彈

　　週五下午1點過後的下殺，通常是在殺權值股。把一整段權值股跌勢攤開來看，權值股下殺不太會出現在起跌點，而是已經跌了一段時間以後，再利用權值股的賣壓往下灌。若在週五碰到這種狀況，我們反倒要多加留意，因為當短線大量賣壓宣洩完，下週一開盤都有很高機率會反彈。

　　反彈要看「強度」，特別是在早盤9～10點這段時間，一路維持到11點又創高，上漲趨勢基本就確立了。尾盤下殺的操作應該關注哪些標的？當然就是權值股。

● 權值股下殺通常有 2 種狀況

　　（1）整體K線型態仍維持上漲走勢，週五尾盤「急跌」慘遭灌殺。

　　（2）一路緩跌、緩跌……最後又急跌下殺。

　　大盤指數要往上拉，一定要看台積電臉色，因為只有台積電穩住，其他權值股、高價股才敢跳起來反彈。

　　其次，我們常說台股要看兩座山，一座是護國神山台積電，另一座是聯發科。看到聯發科開盤站上5日線，就要有『今天高機率是反彈格局』的心理準備，只不過強度如何而已。

如何看大盤有沒有問題？

早盤開出來狀況如何，其實趨勢都很難確立，通常是10～11點之間才看得出方向，真正確定態勢至少是11點過後。

為什麼？一般反彈大概9點半就差不多到高點，若能延續到10點，代表盤勢強度足夠，而11點到12點通常是盤勢休息時間，如果又創高，就要觀察誰在帶動？如果聯發科、台積電都發動，基本上大盤就不會有什麼問題。

● 權值股要這樣觀察

一旦看到台積電、聯發科開始往上攻，你有2種選擇：

（1）馬上買台積電、聯發科搶反彈。

（2）趕快鎖定0050當中的其他高價股，比如聯詠或瑞昱。

假設大盤處於反彈階段，上述這幾檔股票一定要跟著連動，所以買進了也不用太擔心。喜歡操作中小型股的投資人，絕對要有一個基本概念：**每逢權值股上漲，中小型股就容易被壓抑。**

早盤指數開出來如果夠強，抓一些強勢股來做早盤或中盤都OK，但要是11點過後看到台積電開始往上拉，那些中小型股只要沒創高都可以不用管，趕快去看權值股就對了。

● 案例：2021/2/1 加權指數日線圖（圖 3-41）

以2021年2月1日台股加權指數K線走勢圖為例，判斷大盤強度：

1、補掉前段跳空上漲缺口 隔天開盤站穩15,658，整週盤勢都屬於安全期。

2、一旦反彈波確立，至少先看漲3天，包含反彈當天。

3、反彈波由誰帶動？權值股，前週五下午1點過後開始急殺，確立反彈趨勢。

4、股價進入箱型區間整理：短期雖然下跌，但長線仍然看多。

5、短線跌幅1,000點，撐住一週不破底，都是在醞釀反彈，觀察指標：台積電、聯發科。

6、反彈會不會再弱？不確定，可能受到美股影響。

7、大盤處於中段整理，內資不想抱股票過年，中小型股不強、0050標的拉起來也不要買。

8、極短線操作時，防守：15,656（缺口上緣壓力）；突破：15,463（反彈確立）。

那麼，破5日線可不可以做空？會長說可以。

但是要就空在剛破5日線的那一天，大約第三天就得回補掉，不要跟它賭輸贏。

為什麼？因為當大盤在回檔，那些剛破5日線的大多是「強勢股」會跟著大盤回落，市場賣壓宣洩過後，理論上都會有最後一波谷底反彈，俗稱「死貓跳」（第3/4/5天都有可能），所以超過3天都不要追空，要空也是當天短空就好，不要看太空，畢竟短線都已經急跌1千點了才看空，你就有很高機率空在反彈點。

圖3-41　加權指數反彈判讀　　　2021.02.01 加權指數日線圖

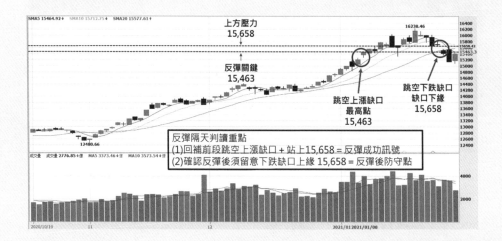

SMA5 15464.92↓　SMA10 15712.75↓　SMA20 15577.61↑

上方壓力
15,658

反彈關鍵
15,463

跳空上漲缺口
最高點
15,463

跳空下跌缺口
缺口下緣
15,658

16238.46

12480.66

反彈隔天判讀重點
(1)回補前段跳空上漲缺口 + 站上15,658 = 反彈成功訊號
(2)確認反彈後須留意下跌缺口上緣 15,658 = 反彈後防守點

成交量　成交量 2776.85↑億　MA5 3373.46↓億　MA10 3573.54↓億

2020/10/19　　11　　　　12　　　2021/012021/01/08

實戰案例：瑞昱（2379）大盤 強力反彈，先看龍頭是否止穩

首先，中盤11點過後，先掃一遍當日走勢，看看有沒有再創新高的目標？11點過後，勾起來再創新高，容易被「想留單」的人關注。

1、如何找到瑞昱？（圖3-42）

大盤強勢反彈，先看龍頭是否止穩：台積電>聯發科>聯詠。都看完以後，開始找權值股當中仍在漲且創新高的，最後選出瑞昱。

2、當天現象是源自前一個交易日的事件，尾盤跳水、外資空單回補，合理判斷外資今天不太會賣→進入反彈波。

3、搶反彈目標

找權值股更明確，不建議找低於5日線的中小型股票

4、搶反彈行動

（1）找下檔支撐——月線以上，勝過大盤的股票

（2）中盤是否創高？有創高（確認搶反彈的關鍵）

（3）法人動向——上週五法人仍然買超

（4）消息面——盤前發佈隔天要開法說會的新聞，假設法說會大好，隔天開盤高機率跳空站上5日線，若穩住且不破還可以續抱到尾盤等法說，並抓5日線作最後依歸。

5、目前股價在5日線以下，可以搶反彈嗎？

權值股相對安全，可以提前搶反彈，像瑞昱就是最好的案例。

圖3-42	權值股怎麼挑？	2021.02.01 瑞昱（2379）當日走勢圖

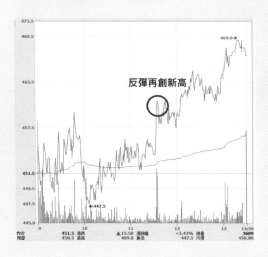

反彈再創新高

如何找到瑞昱？
當大盤強勢反彈！先看龍頭是否止穩？
順序：台積電→聯發科→聯詠
都看完以後...
開始找權值股裡面仍在漲且創新高的！
最後選出→瑞昱(2379)

中小型股很容易盤中拉一下尾盤又破底，因此建議等站上5日線要買再買。

6、前一天已殺長黑K的狀態下

權值股不大容易連續出現2根長黑，再爛也會彈起來做一根中繼K，所以進場很難讓你大賠。

假設收十字K，隔天開低再走人。若為正常K棒（中繼站），隔天再反彈跳出去，只要3天不跌破長黑K低點、站上5日線，就可以形成新的多方格局。

7、不要小看封關前的死貓跳

低點到高點的紅包行情很容易超過10％，大盤、個股趨勢線防守的概念相同：若尾盤沒破，就持股續抱；若尾盤破了，代表主力連守都不守，建議不要繼續玩。

8、法說會（不見得會漲）

若法人沒賣，又處於反彈行情，可以考慮留單多關注風向不對怎麼辦？隔天開盤馬上跑。會長討厭做空，面對波段下跌其實空手就好了，何必做空？

不過，回應讀者的要求，會長分享一下空方觀念。建議大家要空就空在5日線之下（下彎趨勢），起跌3天完，如果沒有反彈起來，就不要再加碼空單，等到真的反彈要空再空。

經常有人問：「碰到台積電反彈，是不是接近5日線附近可以空？」會長不會空在反彈第一天，更不會空「紅盤」。會長習慣做順勢交易，因此做多買紅不買黑，做空當然也是空黑不空紅。

- ## 注意事項

  （1）短線交易

  （2）當日沖/隔日沖：交易週期控制在1～2天內

  （3）小波段：交易週期抓3天以上

- ## 多方進場依據：以下 4 點都符合才留單。

  （1）股價在5日線之上

  （2）5日線翻揚

  （3）今日收紅

  （4）尾盤在均價線之上

- ## 做空依據

  （1）股價在均價線之下

  （2）跌破今日開盤價

（3）股價翻黑

（4）跌破5日線且下彎

（5）11～12點後再創新低

尾盤繼續留單，隔天都有機會繼續創低

● 心情要保持淡定

反彈第一天，因為大多數股票都從谷底起來，很難看到5日線上揚，其實在特殊時期，找反彈標的不用糾結5日線是否上揚。

上述情境不一定會發生，只是會長認為有很高機率會這樣走。放空隔天不如預期怎麼辦？翻紅就補。如果再跌下去，就不要理會，乖乖認命找別支，千萬不要不認命，衰運來的時候，趕快把部位越縮越小，保持心情淡定，儘量減少虧損，畢竟一模一樣的技法總是會有人歡呼、有人失望，能不能度過折磨期很重要，選到不漲的、反跌的，就控制虧損並認命撐住。

會長分享經驗，提醒你10把都忍住，第11把就會讓你賺。這跟打麻將的道理一樣，我連續放槍10把，每1把都放給屁胡小輸，拚安全下庄就好，只要虧損控制住，連輸10把輸不死，最後才能贏來大賺的機會。

5-3

看懂訊號站上 5 日線，
提前抓反彈

• 大盤或個股反彈

還沒站上5日線之前，都不要太看好。

站上5日線之後，還要對應左邊K棒抓支撐壓力。若跌破一律走人，即便盤中跌破也一樣。

• 已知尾盤會發動權值股帶動指數上攻

觀察中盤11點過後在創高的股票（它們通常在5日線之下），優先注意法人有買或沒賣的（可加強持股信心）。

• 權值股短線急跌搶反彈後

反彈起來接近5日線→以5日線為壓力

跳空站上5日線→以5日線為支撐防守

• 在 5 日線之下，提前抓權值股反彈，須符合條件

（1）前一天尾盤遭大殺。

（2）今天看起來止跌若上週五盤後外資的期貨空單大減，搭配尾盤殺權值，合理懷疑外資壓低權值股股價讓期貨賺錢回補，理論上外資不至於這週會再押一次空方。

（3）盤勢有沒有大人在帶？

台積電、聯電維穩，就可以開始觀察其他上週跳水的權值股。翻紅是訊號，代表突破左邊K棒，直接作為防守點位。若一路墊到尾盤，繼續持有即可。

等到破5日線再賣，這就是**權值股遇到急跌、破5日線後的次日可以搶反彈的方式**。

・反彈波觀察順序：第1～2天看權值股，第3天看中小型股。

・聖旨：反彈第1天看權值股。

PART 6

半導體族群：
找熱門也要區分價位

6-1

精選族群：費城屢創新高，
你得多了解半導體主軸族群

　　2020～2021年期間，美國費城半導體指數屢次再創新高，因此這裡特別講解股市中最熱門的主流族群「半導體」。

　　主軸族群：半導體

　　產業細分：IC設計、IC製造、IC封測

族群類別	族群成員	追蹤原因及影響的產業鏈
超高價代表	IC 製造—— 台積電（2330） IC 設計—— 聯發科（2454）	‧ 以股價區分判斷資金流向：超高價→高價→中價→低價 ‧ 選出短線和長線皆為多方姿態的個股，列入長期追蹤的產業。
半導體設備	閎康（3587） 家登（3680） 京鼎（3413）	‧ 台積電提高資本支出，有望帶動相關設備廠的業績，因此列入追蹤。

其他族群概覽▼		
面板－LED	群創（3481） 友達（2409） 福華（8085）＊大同集團 妖股 惠特（6706）＊納入會長觀察清單	・有龍頭在帶動，比如友達（2409）、群創（3481），出現轉強跡象。
電子零組件	著重板卡、PCB PCB、被動元件、電源供應器，與車用電子高度相關。	・儲電設備 與未來能源發展息息相關； 車用、電競等產業也會帶動儲電需求。

6-2

精選族群：區分半導體的低、中、高價股，擬定操作策略

- ### 精選族群：半導體的低價股

  旺玖（6233）、笙科（5272）、台星科（3265）、華晶科（3059）、茂矽（2342）、研通（6229）、凌陽（2401）。

情境	操作策略
連續紅 K 過後，若有出量黑 K，則容易進入整理	防守抓左邊 K 棒高點，早盤不用盯，等尾盤再說。若尾盤不破左邊 K 棒高點，且收紅棒，要買再買。
留上影線＋出量	只有來一根跳空開高，至少要突破左邊 K 棒的出量長紅 K，收盤不破左邊 K 棒，後續才有戲。
爆天量＋留長上影線	沒有跳空開高不會有戲，請不要盯這種個股。
沿著 5 日線緩漲	拉回 5 日線再低接，買紅不買黑。
整理完拉長紅、出天量	隔天帶跳空開 3 ～ 5% 以上，就有機會續攻。若月線也爆天量更好。

● 精選族群：半導體的中價股

以 IC 設計居多。聯陽（3014）、九齊（6494）、盛群（6202）、公準（3178）、通嘉（3588）、類比科（3438）、光罩（2338）、漢磊（3707）、尼克森（3317）、威盛（2388）。

情境	操作策略
前一天爆量 K ＋今天收黑	一定要瞬間站回前高，否則趨勢容易走弱。若月線仍在多方，暫時不理會
拉至前高但量能不夠→進入短期整理	若帶跳空＋大量突破前高，則可以多關注。
出大量＋2根黑 K	一旦破 5 日線，至少再整理 3 ～ 5 天，所以跌破 5 日線就要走，等止跌再說。
出大量的長上影線紅 K	一定要帶跳空開高，若突破前高，還有機會續攻。
出量接近前高	理論上要再拉一根長紅，若突破要買再買。
留長上影線的出量黑 K	隔天必須收紅才能夠止跌，代表還有機會。
妖股操作守則	早盤不追，中盤找買點（分批），尾盤低點未破再買。
整理完破 5 日線	隔天一定要站回，否則趨勢會直接往下走。

● 精選族群：半導體的高價股

　　台積電（2330）、聯發科（2454）、世芯—KY（3661）、力旺（3529）、愛普（6531）、環球晶（6488）、立積（4968）、晶心科（6533）、聯詠（3034）、瑞昱（2379）、群聯（8299）、創意（3443）。

情境	操作策略
橫盤整理	不要理會。唯有帶量突破前高，才是進場的理由。
出量長黑	隔天必須跳空開紅。不論開低或開平，都直接走人。
破 5 日線	若 5 日線仍在翻揚，站回 5 日線→買紅不買黑。

切忌患得患失 ──

投進去的錢就當作花掉了，買回的錢就當作賺到了。買回的價格越高就賺越多。

PART 7

漲停板 + 禁閉股：
根據 K 線型態做交易

7-1

實戰案例：5 個漲停板 K 線型態，告訴你要留單或先賣

- 漲停隔天不夠強→ 9:05 前後果斷賣出

　　如果手上持有收盤漲停鎖死的股票，隔天開盤只要沒有漲3％以上，都要準備賣出。

　　如果擔心股價開低走高，可以選擇在早盤9點5分之前先按兵不動，等到9點5分過後，發現股價不再往上攻擊，甚至從高點反折下殺，再直接賣出。

- 漲停隔天仍舊強勢→ 9:15 之前看強度操作

　　如果持有收盤漲停鎖死的股票，隔天開盤又強勢上漲至5％附近，那不需要急著賣。可以抓1％左右的幅度去設定出場點，例如：從5％變成4％即可賣出。

　　一般來說，如果主力要讓某一檔股票在早盤漲停，最晚9點15分之前就會有動作，因此在9點15分之前，個股若是漲幅未達5～7％，就可以先賣出觀望。

- 漲停板案例：敦泰（3545）（圖 3-43）

　　標準型態：（1）昨日壓回、（2）今日創高

　　第一根突破左邊K棒，再創新高→可以進場試水溫。

圖3-43	標準 K 線型態	2021.04.01 敦泰（3545）日 K 線圖

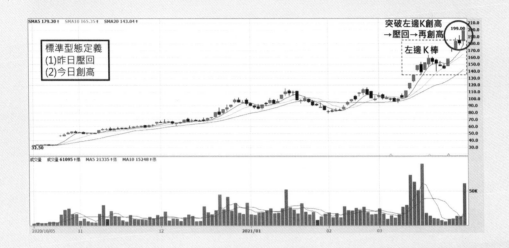

若隔天早盤強勢（開5％以上），則繼續注意。

若隔天強勢鎖漲停，基本上會連漲3根。

● 處置股出關漲停板案例：撼訊（6150）（圖 3-44）

先前遭到關禁閉的處置股，出關前1天漲停板，出關後第1天又漲停，那麼第一根為突破K。

若在關禁閉要放出來的前一天大漲，通常可以進場賭賭看，隔天還有很大機會繼續衝。在解禁前一天還敢漲？主力在拉開空間，表示手上還有貨，所以隔天開盤跳空繼續漲的機率高（主力拉抬出貨）。

已經連續2天漲停，會長建議不要去追第3根，即使要追也以早盤當沖為原則。

● 標準型態漲停板案例：研通（6229）（圖 3-45）

出現第1根漲停板（突破K），明天仍維持才算是連續型態。

圖3-44 　　處置結束前大漲　　　　2021.04.01 撼訊（6150）日 K 線圖

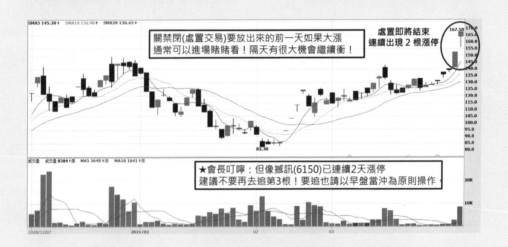

關禁閉(處置交易)要放出來的前一天如果大漲
通常可以進場賭賭看！隔天有很大機會繼續衝！

處置即將結束
連續出現 2 根漲停

★會長叮嚀：但像撼訊(6150)已連續2天漲停
建議不要再去追第3根！要追也請以早盤當沖為原則操作

圖3-45 　　標準型態第 1 根漲停板　　2021.04.01 研通（6229）日 K 線圖

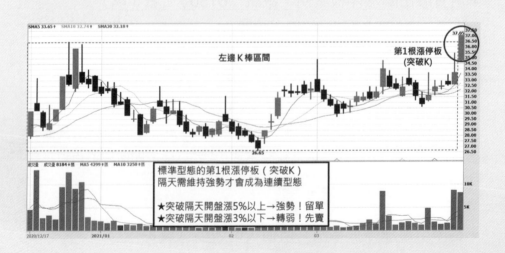

左邊 K 棒區間

第1根漲停板
(突破K)

標準型態的第1根漲停板（突破K）
隔天需維持強勢才會成為連續型態

★突破隔天開盤漲5%以上→強勢！留單
★突破隔天開盤漲3%以下→轉弱！先賣

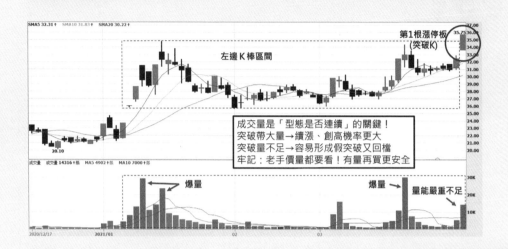

| 圖3-46 | 突破K量能不足 | 2021.04.01 倉佑（1568）日K線圖 |

開盤上攻5％→進場當沖，若強勢就留。

開盤漲3％以下→先走人，除非轉強再追回來。

這類的橫盤整理，第1根突破K才剛過高，沒有拉開很遠空間。假設漲停過後開盤沒有開太高，很容易殺1根長黑，導致型態不連續，又進入整理。

● 標準型態量能不足漲停板案例：倉佑（1568）（圖3-46）

出現第1根漲停板，突破K棒、量能不足。

若今天是突破帶大量其實還OK，但因為量能不足，導致型態要連續會有疑慮。

如果開盤呈現弱勢，漲3％以下，那麼先不買或出場。

若有第二波攻勢，等量能滾出來並創新高之後，要進場再進場，會比較安全。

7-2

實戰案例：6 個禁閉股 K 線型態，漲跌爆量一定要先走

● 禁閉股解禁前一天案例：天鈺（4961）（圖 3-47）

注意解禁的前一天。如果在解禁前一天敢收紅K，就可以進場賭一下也無妨。解禁當天通常會出現高點，若是漲至7～8％附近不鎖漲停，就可以先走人。

圖3-47 分盤交易案例解析　　　　2021.04.01 天鈺（4961）日K線圖

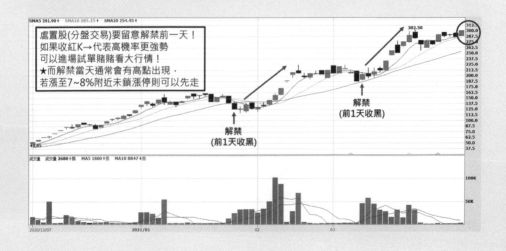

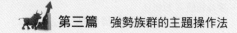

● 禁閉股橫盤整理下跌出量案例：應廣（6716）（圖3-48）

個股關禁閉完出關橫盤整理多天，最後下跌出量。

下跌時若一直出量，絕對不要買，除非開始量縮。警示股開始量縮，才是開始找買點的時候。遇到這種情況，會長不會想進場。

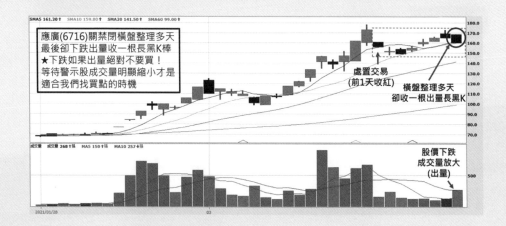

| 圖3-48 | 分盤交易案例解析 | 2021.04.01 應廣（6716）日K線圖 |

● 禁閉股不要爆量案例：勤崴國際（6516）（圖3-49）

警示股只要沒有爆量，股價還有機會往上墊高。

對警示股謹記唯一原則：不要爆量。一旦爆量，就按照趨勢操作即可。

會長的習慣：看到警示股創高→關禁閉→連續急跌20％且無量下跌→找止跌K當作買點。

圖3-49	分盤交易案例解析	2021.04.01 勤崴國際（6516）日 K 線圖

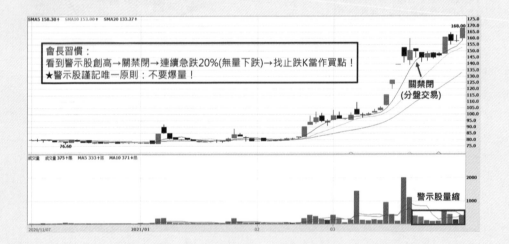

- **禁閉股短線急跌沒有爆量案例：淳安（6283）（圖3-50）**

  關禁閉→短線急跌→進入橫盤整理→一根紅棒突破。

  過程中完全沒有爆量，可以留意。

  警示股無論漲或跌都不能爆量，否則趨勢會被反轉或是停滯。

| 圖3-50 | 分盤交易案例解析 | 2021.04.01 淳安（6283）日 K 線圖 |

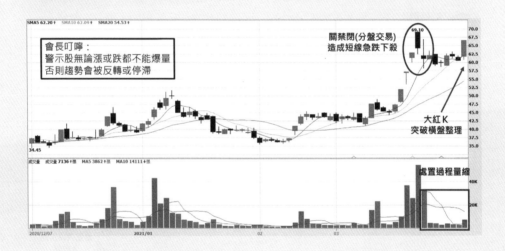

● 禁閉股短線下跌收斂破前高案例：九暘（8040）（圖3-51）

關禁閉→短線下跌→逐步收斂突破前高→留意是否有爆量。

處置完出關上漲不能出量，否則會開始跌。

處置完下跌也不能出量，謹守破5日線出場原則即可。等到下跌開始量縮，代表主力出貨不順利，就可以開始找買點低接，等主力拉抬。

| 圖3-51 | 分盤交易案例解析 | 2021.04.01 九暘（8040）日 K 線圖 |

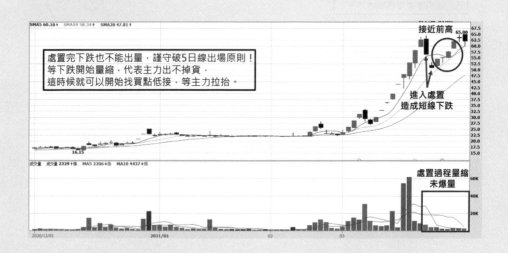

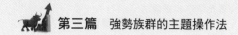

● 禁閉股長紅 K 破前高案例：安國（8054）（圖 3-52）

在沒有爆量的狀態下，漲到前高附近可以關注。若一根長紅K突破前高，有可能是主力持續作價，可以進場賭賭看。

| 圖3-52 | 分盤交易案例解析 | 2021.04.01 安國（8054）日 K 線圖 |

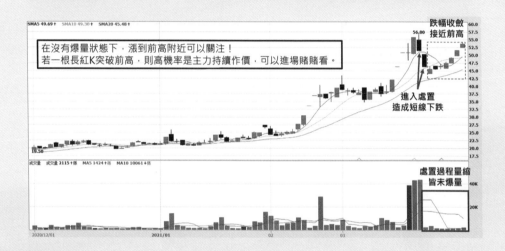

7-3

股價何時突破橫盤整理？
至少爆一次天量才會上漲

　　股價要突破橫盤整理（箱型區間），至少要爆一次天量，才有機會讓K線型態轉變為往上漲的趨勢。

　　若在橫盤整理的過程中，成交量沒有太大波動，我們只需要做當沖或是操作3天的小波段，千萬不能對長期趨勢太樂觀，否則很容易今天拉一根長紅K棒，明天馬上殺一根長黑K棒，不斷在箱型區間內繼續盤整。

情境	操作策略
橫盤整理出量 突破盤整區間	沿著 5 日線操作→買紅 K 不買黑 K。
近期有大量	只要帶跳空突破，就有機會成為連續型態。按照 K 線連續型態策略操作即可。
禁止當沖的類股	早盤不要追高買進。 中盤 10 點過後，價格穩定且未跌破早盤低點→再觀察或找低點買進。 不可當沖的類股循環：尾盤股價衝高→隔天股價開低→中盤股價震盪→尾盤再衝高。

月線爆大量	代表有主力買盤進駐，長期趨勢看好。
創高壓回量縮	沿著 5 日線操作→若 5 日線翻揚代表轉強。
日線＋月線爆天量	隔天拉漲停→有機會成為妖股（連續漲停多日）
日線爆量，但月線未爆量	多空趨勢不確定性高→容易進入箱型整理區間（橫盤整理）

PART **8**

漲跌劇烈的妖股：
追漲和低接有 3 技巧

8-1　掌握中小妖股追價原則與技巧，跟著高手買進賭漲停

8-2　實戰案例：2種型態只要成交量帶延續，每天創高每天買

掌握中小妖股追價原則與技巧，
跟著高手買進賭漲停

非市場主流、成交量只有2～3千張、剛進入起漲階段的「中小型股」，大部份都是小主力在操作的。要對這些個股做短線當沖，很難討到便宜，不如去找市場上的熱門股。

以下介紹3個賺錢法：

● **操作技巧1：鎖漲停怎麼鎖？**

高手至少要等到股價漲至8％，才會去賭有沒有鎖漲停的可能，而股價漲至5～8％的過程中，波動通常很劇烈，容易造成短線操作頻繁停損。除非本來就鎖定要買這檔股票，否則一般投資者不會看到股價上漲約5％還買進。

因此，建議看到8％開始急拉出量時，與高手一起買去賭鎖漲停。那麼，漲停打開賣不賣？會長提醒一定要先賣，等又要鎖回去再買回來。

● **操作技巧2：關緊閉操作**

關緊閉＝個股遭證交所處置，進入分盤交易模式

記住這樣的論點：妖股可以漲到被關緊閉，代表其價量異常，而且量能門檻通常較高。所以，你會看到有些股票漲翻天，卻還沒有被關緊閉，是因為它的量能還沒達到門檻。

股票拉到符合關緊閉條件的當天，通常是跌多於漲，有些人會算

關緊閉的條件，因此前一天就猜得到，會先減碼出場。

即使當天沒跌反漲，你還是要先賣，因為之後還是會跌。

● 操作技巧3：分盤交易

（1）第一次：5分鐘分盤交易

通常跌不深，短線壓回10～15％可以準備低接。

（2）第二次：10分鐘分盤交易

下跌威力會更大，宣佈分盤交易後→急跌20％找買點，跌超過20％就不要再接了，代表市場氛圍不太對。

（3）分盤交易操作重點

股票進入分盤交易，代表主力跑不掉，基本上還會再反彈一波，因此市場共識通常是：

・5分鐘分盤交易短線，約跌10～15％後會反彈。

・10分鐘以上分盤交易短線，約急跌20％後會反彈。

・只要跌幅超過20％以上，就不要再低接。

・分盤交易必須伴隨量縮，絕對不能爆量。量縮下跌→主力才出不了貨，到解禁前都會有高點。只要下跌出量，都不適合低接找買點。

（4）分盤交易操作準則：買跌不買漲！

宣佈分盤交易→當天股價殺下來→短線找買點，5分的分盤交易抓10～15％跌幅，10分以上的分盤交易抓最高點回落約20％。

宣佈分盤交易→沒跌→解禁完一定會跌。

恢復正常交易後，短線仍可能出現10～20％跌幅，此時按照正常方式操作即可：出現止跌紅K→3天不破低點→站上5日線→買進→若成交量放大且股價再創新高→加碼。

實戰案例：2 種型態只要成交量帶延續，每天創高每天買

- **妖股實戰案例：天鈺（4961）（圖 3-53）**

  （1）價量同創歷史新高。

  （2）低點起漲現象：

  ・日成交量創歷史新高。

  ・股價創歷史新高。

  綜合以上現象可以確認，未來只要出現爆天量、股價創歷史新高的小股票，在爆量當天直接去買，只要成交量有延續，每天創高就每天買。

  （3）全程嚴守這個操作紀律：站上5日線買，跌破5日線就賣。

- **妖股實戰案例：亞信（3169）（圖 3-54）**

  （1）妖股鎖漲停

  漲停完隔天開高至少5％以上又鎖漲停，重複漲停好幾天。

  （2）符合3個要件

  ・成交量創新高

  ・整理完出現突破K

  ・連2天強勢鎖漲停

圖3-53　低點起漲：天鈺（4961）　2021.02.05 天鈺（4961）日 K 線圖

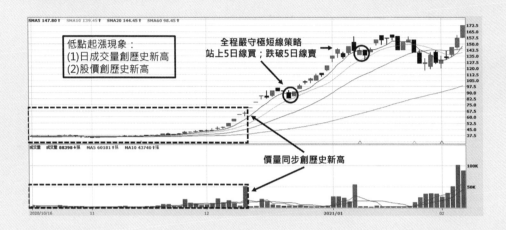

圖3-54　妖股案例：亞信（3169）　2021.02.05 亞信（3169）日 K 線圖

第 4 篇

風險擺第一

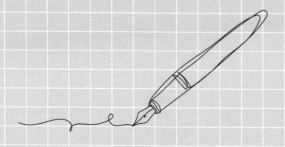

PART ①

具備風險意識，
賺賠都能安心

風險永遠擺第一，沒有絕對賺錢，有輸過才會痛

　　會長從民國85年進入市場迄今，股齡至少25年，一路走來經歷了2000年網路泡沫、2003年SARS，台股跌到3,411點，再來是2008年由雷曼兄弟引爆的金融海嘯，其實美股市場在2007年10～12月已有預警，直到隔年7～9月才全面爆發，**所以當市場出現警訊，距離正式崩盤還有半年左右的時間。**

　　美國自2008年金融風暴後，開始針對貨幣實施「量化寬鬆」政策，造成全世界利率跟著下調（註：量化寬鬆〔Quantitative easing〕是一種貨幣政策，簡稱QE）。回顧20年前，台灣的定存利率至少7～8％，但現在連1％都不到。

　　而且，過去的年代很流行「除權」，大多數電子公司都只配股不配息，不像現在幾乎都是以配息為主。但是，大量配股的後果是造成股本膨脹，獲利若沒跟上會稀釋EPS，檯面上有些老牌電子股過去都是這樣走過來的。

　　為什麼會長永遠把風險擺第一？因為我交易20多年來，已經看過太多次市場崩盤。在股市大漲的過程中，你如果沒賺到錢或是沒賺夠，會很嘔沒錯，但你是因為還沒有輸過，所以不曉得輸錢有多痛。會長過去沒有什麼風險意識，印象最深在2011年左右，信貸加上房貸拿了8百多萬出來重押，最後買錯股慘賠收場。

奉勸所有初入股市的朋友：「有輸過的人才會痛」，**新手不要急著學技巧，而是先建立正確觀念**。對我來說，沒有賺到錢無妨，不要賠本才是關鍵，所以永遠把風險擺在第一位。除此之外，我個人教學也經常強調「防守」的重要性，而且停損抓得非常近，像是5日線。

做多標準模式 必須符合兩項選股基本要素	（1）股價站上 5 日線 （2）5 日線維持上揚 進階：對應左邊 K 棒的股價高點

為什麼強調防守？因為會長非常注重風險，而且不喜歡做沒把握的事情。當然，在股市沒有所謂的絕對答案，但「機率」是你必須考量的關鍵，就好比上牌桌玩21點，開大開小的機率都算得出來，要不要繼續開就看個人決定。

當日走勢判斷要點：開盤價、早上高（早盤高點）、均價線。 很多人常問，為什麼會長操作的點位總是抓這麼近？因為我經歷過慘賠，一度把本金輸光→貸款繼續凹→到最後負債累累。整輪走過之後，幾乎多數人都心灰意冷地離開股市，而少數像會長一樣能熬過去、重新站起來的人，會有根深柢固的觀念：「永遠把風險擺第一。」

投資股票最重要的不是賺得快、賺得多，而是比誰活得久。 像市場上總是有不少撐了數十年，仍然毅然不搖的老屁股，他們是一次暴富嗎？我相信大多數都不是。如果你可以用100萬在短短1年內滾出1億，那叫做意外之財，除非賺到後完全退出股市，不然10個人裡面，至少9個守不住這些獲利，因為錢來得太快。

反倒是另外一類慢慢賺的人，每年獲利都不算多，但是越賺越穩

定，這種人在股市通常活得比較久，為什麼？因為他們不會過度自信。

很多做股票賺錢的人講話態度只能用「不可一世」來形容，尤其是常把「絕對賺錢」掛嘴邊，就跟騙子沒兩樣。或許他過去用這套方法賺到不少錢，但怎麼保證以後也可以賺？做投資應該隨時保持敬畏的心、尊重市場，不要自我膨脹，拿你可以承受的錢做投資（有多少錢做多少事），操作起來才會比較踏實。

風險來臨時，
不要腳麻跑不動 ——

靠著經驗不斷累積，讓自己臨危不亂，
逼著自己一定要學著逃跑。

1-2

心態歸零，錢慢慢賺就好，
不必每一次都 ALL IN

　　短線交易者每天都要學著讓自己的心態歸零。行情是會不斷循環的，錯過2020年，你也許會覺得很幹，但以前再怎麼好賺都已經是過去式，把握當下的行情，好好操作獲利才是真的。

　　在習慣每天心態從零開始之後，無形中你會告訴自己：「**日子還長久，錢慢慢賺就好，不需要每一次都ALL IN。**」想要重押當然沒問題，但重押一定要有道理。重押的原因通常是什麼？比如：

　　（1）大盤宣洩式下殺→引起市場恐慌→趁機重押進去撈底搶反彈。

　　（2）你對某種產業的未來發展有願景、你對某間公司的營運有信心。

　　再怎麼看好總是要有理由。最怕你只看新聞就亂做股票，人家說什麼你聽什麼、喊什麼你買什麼，最後怎麼賠的都不知道。

　　2021年航運從高點下殺套牢不少人，包括群友在內有不少人經常問我：「營收這麼好，為什麼會跌？」「基本面好、利多消息一堆，為什麼沒漲？」會長可以很坦白告訴大家：「我也不知道。」有人規定營收好，股價就一定漲嗎？或是營收爛，股價就一定跌嗎？沒有嘛！那些都只是我們的臆測而已。

　　我們只知道，如果營收表現好→這支股票的價格趨勢就有機會往

上。

　　既然都已經提到「趨勢」兩個字，為什麼不把重點放在最源頭呢？其實，不管任何新聞消息、財報數字、產業資訊，我建議只看「趨勢」就好。趨勢永遠不會騙你，為什麼呢？因為它是真金白銀堆疊出來的結果。

基本面有用嗎？遞延獲利、提早收款，一堆公司都在用

　　財報難道不能灌水嗎？遞延獲利、提早收款這些會計帳的招數，一大堆公司在用。會長自己如果是上市公司老闆，今天看到自家公司股價偏低，在知道未來獲利會好的狀況下，一定讓公司營收遞延，反正財報開出來衰退也沒關係，股價越跌，我就買越多。

　　等到營收落底之後，股票其實也低接得差不多了。接下來，開始認列遞延營收，讓獲利進入逐季成長階段，一路堆疊到某個月營收出現爆發性成長，等法人和散戶通通進來買之後，我再把貨全部倒給大家。

　　所以，看基本面有用嗎？它只是給你參考而已。

　　再舉個例子，2020年防疫概念股漲翻天，尤其口罩類股更是如此，在疫情初期，那些生產口罩的公司才15～16塊，那時候你不買，等它漲到200多塊，你才要衝進去套在裡面，就因為它每月營收數字美到不行、EPS高到嚇死人，但最後股價有再往上衝嗎？沒有！

　　我常常在想一件事：「為什麼大家要看營收？」

　　很多股票在起漲前根本找不到消息。有的公司EPS爛得要死，還是能從40～50元一路漲到100～200元，等到漲多被警示，公告單月EPS高達1.5～1.7元，數字美得要命，隔天開高走低，接著股價就直接躺在那邊，開始盤整→緩跌→最後殺到追高的全部停損。會長以前

就是因為太相信基本面，搞到最後連貸款都賠進去，操作20幾年來，已經看過太多次這種狀況，直到現在還是屢試不爽。所以，你何必要醉心於基本面呢？

再來，為什麼會長只做短線？因為資金有限，必須讓資金效率最大化。除非你的個性可以接受買完股票放著都不看，不然像我這種少看一天盤都不行的人，要讓資金有效運用，就是絕對不留下套牢持股，要放庫存就放賺錢的。

對於這種快進快出的作法，自然有人會問：「進場到現在只賠一點，可不可以抱著再等一下？」我認為這樣的問法有點虛幻，在你買進一檔股票之後，如果價值開始停滯，或是你已經小賠，就應該去比對一些我們教過的因子，例如：左邊K、均價線、大盤走勢等等，全部歸納之後，再決定要不要賣。

你可能想問會長：「會不會等這些因子都比對完，股價早就跌下去了？」這個我知道，所以你要透過反覆練習讓自己的速度更快。你如果覺得要比對的因子太多，怕自己操作來不及反應，就先找一種基本守則去做就好，例如：跌破5日線就走，或是均價線跌破就走。你如果都有按照紀律操作，就算運氣再怎麼背，每次進場都被洗，頂多只會小輸。

在短線交易的世界裡，你只要賠得少、懂得控制虧損，就已經贏過一般人，至於你怎麼做能賺得多，就得檢視每一天的交易狀況。每個人有自己適合的節奏，會長頂多提供準則給你們參考。

1-4

遠離心態誤區，不在股票下跌時 找基本面騙自己

遠離誤區1：不要每一次遇到股票下跌，就瘋狂找基本面來騙自己還有機會！

遠離誤區2：出入股市沒賺到錢無妨，不要賠到本就好！只要本金還在，哪怕沒有大行情，單靠平常累積，也能賺得比別人還多。

行情不是決定股票輸贏的絕對因素，每個行情都有適合的操作方式。只要你心態穩定，行情又適合你，長期下來就有辦法賺到錢。

遠離誤區3：投資股票千萬不要急！不要看到別人買就躁進，聽到別人跑就動搖，遵守紀律該進場就買，該停損就走人，不要因為怕輸錢而凹單。

不想輸的人絕對沒辦法做好短線交易，因為不想輸，所以學不會停損，後果就是越輸越多。

遠離誤區4：運用資金要有效率！現象告訴你該停損就停損，錢要靈活調配，哪有時間擺在跌破5日線、早該停損的股票上？我一再強調，一定要看得懂大盤，當大盤走勢不好的時候，就別再留單。

遠離誤區5：不要傻傻等反彈！股票跌下去後，會不會彈回來？我永遠沒把握，而且不想知道。我只要看到股票跌破停損價就走人，為什麼？省得煩嘛！買錯，跟預期方向相反就走，何必卡著一大堆錢去抱虧損的持股，然後每天看它繼續跌。你明明都看得懂，知道現在

市況差、這檔沒救了，但你為什麼不停損？因為你沒有在第一時間賣，越跌越多的時候，你就賣不下手。

　　會長自己是過來人，為什麼在操作時將停損設得這麼近？停損設近一點，你頂多被洗，雖然被洗會覺得很嘔，但頂多小輸，總比整筆錢被咬住（套牢），搞得每天心情煩躁還要好。

如何讓庫存股票不套牢？
判斷會繼續跌就趕快賣掉

• 只買強勢股

不要浪費時間猜什麼主力洗盤、出貨、進貨。研究那些都太虛了，沒有一個論點可以解釋所有的股票走勢。現在盤勢變化太大，有些強勢股說不定過半小時就變成烙賽股。股價是人交易出來的，錢多的人（主力）說話就大聲，我們既然沒有價格決定權，乖乖「跟著」就好。起風了就追，風停了就跑。

• 當股價跌破 5 日線，而且 5 日線下彎，短線先離場會怎麼樣？（圖 4-1）

第一時間砍在跌破5日線位置，若隔天反彈跳上來，頂多小賠或少賺，若再隔天跳空跌下來，由於第一時間全部出清，所以後面繼續跌的好幾根綠K都沒有你的事。

• 當大盤處於跌勢：買進策略都要延後

會長建議，買尾盤12點過後再創高的股票，而且均價線最好處於翻揚狀態。

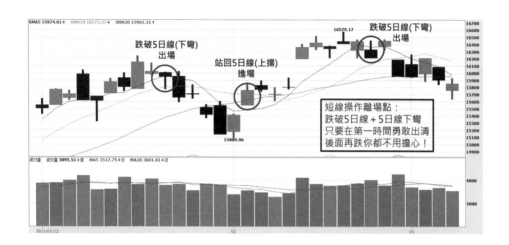

圖4-1　短線操作進出場看 5 日線　2021.03.05 加權指數日 K 線圖

● 股票在跌的時候

該想的第一件事：這支股票會不會繼續跌？如果會，就趕快賣。**絕對不該想的事：它會不會反彈？**不怕買貴買高，要的是買了之後不會跌。要凹單也得有理由，既然知道目前現象會再跌的機率很高（5日線跌破＋下彎），那幹嘛凹單呢？

● 當 5 日線為下彎趨勢

股價反彈通常會出現在早盤，例外是昨夜美股大跌，早盤可能先開低，再反彈走高。盤勢開高走低怎麼辦？賺價差技巧是：早盤高價賣掉庫存→尾盤低價買回賺價差。

● 美股真的比台股好做嗎？

事實上，美股比台股好做。為什麼？因為市場參與者多。當大家看法一致，資金流又不會過度集中時，價格自然會跟著大趨勢走，不

會因為某一家主力大買或大賣而被撼動。所以，美股趨勢只要出來就是漲一大段上去；趨勢跌破也會殺一大段下來。台灣的大型權值股也是如此。

● 型態為王、價量為真

尊重趨勢，價量永遠不會騙人。5日線站上再買、跌破就賣，又站上要買回、再買回。做短線當沖要保命，就得額外看開盤價和均價線，而操作小波段則要看5日線＋左邊K。

錯過出場點後
停不下手 ───

通常錯過好的出場點後，出場點位越來越差，越晚出場損失越大。不出場，就等著被套牢。

PART ②

做好防守規劃，
更要懂得停損才開心

投資沒有絕對，聚焦在「跌破均線後是不是會走弱」

單看當日走勢，跌破均價線→轉弱的機率較高（假設60％）；站上均價線→轉強的機率較高（假設60％）。但這終究只是機率，要從60％提高到70％，必須再參考其他指標來判斷。例如：有沒有跌破大量區？整體姿態轉弱了嗎？均線是否下彎？同類族群氣氛如何？綜合所有因素來做判斷，說不定原本認為轉弱機率有60％，最後反而提高到80％。

經常有用戶在問：「我看均線跌破就賣出，結果一賣馬上被拉起來，是不是停損方式錯了？」其實，我認為投資本來就沒有絕對。跌破均線會反彈？那是事後論，**我們要聚焦的討論應該是：短線上，當日走勢跌破均線是不是有走弱的疑慮？有嘛！**

藉機分享幾個判斷訣竅：均線代表當天所有人成交價格的平均值，如果今天均線沿路往上，其實會有所謂的「堆疊效應」，代表越成交越高，這時候均線跌破，就可以想像會有買盤進來低接，高機率至少反彈一次跑不掉。相對地，均線開高走平又跌破，往上成交的成交量越來越少，要反彈就比較困難，因為大部份人都成交在這段價格平穩的區間。

如果站在短線角度，我們最喜歡趨勢線往上擺盪、均線也規律往上，這代表有實際的買盤量在推升，俗話說「上漲出量才走得長

久」，就是這個道理。如果遇到均線走平、價格卻往上，代表大部份量能沒有跟上，此時就有「做價」的疑慮，通常是開盤在低檔附近買完貨，瞬間往上急拉，要慎防若市場不承接買單，價格很可能就被慢慢賣下來了。

2-2

遵守交易紀律，你得「進場有邏輯，賣出有依據」

　　面對當日走勢，先尊重2條線：趨勢線（屬於價格堆疊出來的發展）、均價線（等於某一特定區間成交的平均值）。短線最簡單的關注方式，就是找這2條線同時處於上揚階段的股票。回來談K棒角度，紅K屬於多方發展，黑K屬於空方發展，所以決定黑K或紅K的因子就在開收盤。

　　開盤價是當日走勢最重要的依歸，常有群友問：「跌破開盤價要賣嗎？」你當然可以不要賣，但對會長而言，K線型態只要破開盤就收黑K，假設今天站不回去，收盤直接留一根黑K，大家在看這檔標的時，容易認為它好像要進入整理，隔天自然偏防守而不敢激進，除非趨勢線往上才有得談。會長只要看到跌破開盤收黑K，連買都不會想買。

　　再來，平盤價是什麼？就是昨天的收盤價。平盤價的道理在於，當一支股票跌破昨日收盤，代表昨天買的人套牢了（會有套牢的籌碼），所以會長也不喜歡破開盤價的股票。基本上，我設定做多的條件：首先是開盤價一定要在平盤之上，代表昨天沒有套牢的人。

　　假設你是昨日買進、今天續漲，持有信心是不是會好一些？甚至完全不會想賣。但如果你昨天買進、今天開低，不僅持股信心不穩定，還可能隨時想賣出。基於上述原因，會長不太想買翻黑的股票，

而有些人買翻黑，是因為有進場邏輯，例如：仍屬於多方姿態的標的，漲多一次性回檔，對應左邊K棒找下檔，再看5日線有沒有抵抗力道，如果都符合條件當然就買，這單純是指看K線的狀況。

如果看當日走勢呢？價格打下來翻黑，可不可以接？不是不行，但畢竟翻黑才接，很容易讓你進在「宣洩後的買點」。比如說，昨天走好好的，今天開高開始往下打，極短線要做逆勢單，就喜歡看到這種宣洩後的賣壓出籠，此時適合進去搶反彈，如果力道不夠，要走再走也是可以的。

會長建議：初學者要練功，最好先練一招，把順向操作完全練成，比較熟悉之後，再嘗試觀察特定標的，練習做盤中甩下來的逆勢接刀單。

● 當日空方走勢

姑且不管K線、也不看左邊K棒，單純講當天的發展：萬海均價線下彎，每一次反彈都未突破均價線，依照線圖判斷，趨勢線與均價線都同步順向往下擺盪，當天就屬於空方走勢。

開盤開高衝到235元，在均價線附近掙扎，一旦前高未過，第一波壓回就要抓前低做防守，尤其跌破開盤價要特別注意，若又跌破昨收價，持有的人就要有心理準備短賣一趟。

判讀方式：均價線有沒有下彎？有！前低有沒有破？有！遇到這兩個狀況同時發生，你先賣一趟。我認為10次當中有7次是對的，如果賣完真的不幸反彈甩上去，你也要先忍住，等到它正式站上均價線再做。

萬海早盤跌破均價線、趨勢線往下、跌破開盤價、跌破早上低點，等於是四個因子，這時候當賣點基本上有七成不會錯。至於反彈要不要理它？先不用，因為大部份的時間，「高低腳」才是比較像樣

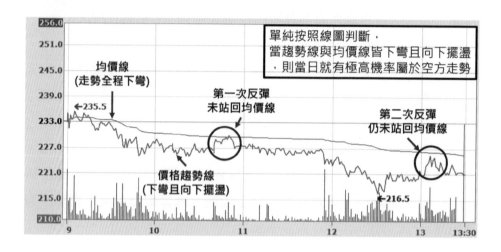

圖4-2　　**當日走勢實戰**　　　　　　2021.08.05 萬海（2615）當日走勢

單純按照線圖判斷，當趨勢線與均價線皆下彎且向下擺盪，則當日就有極高機率屬於空方走勢

均價線
(走勢全程下彎)

第一次反彈
未站回均價線

第二次反彈
仍未站回均價線

←235.5

價格趨勢線
(下彎且向下擺盪)

←216.5

的買點，但很明顯萬海是持續在破低，理論上只能持續往空方趨勢發展。

現象進場，紀律出場 ─────

進場要確認現象後才執行，並且定義好出場紀律；進場後要遵守紀律，踩到底線馬上出場。

感受凹單的痛苦，
懂得會停損才是大贏家

　　很多人在做股票，進場200元好了，下檔支撐218元，覺得算了才2000塊而已，不用在那邊一買一賣，還要被洗手續費，這種觀念就是錯誤的。218你不賣？216你就賣不下去！216不賣？這個空間就越來越大。接下來一路看到213，心裡開始賭爛，結果最後賣在210。何必呢？遵守原則就好。

　　另外，一支股票最討厭的就是開最高、收最低，隔天要復活只有一條路：直接帶量跳空開高，只要開平甚至開低，在那裡怎麼掙扎都沒有用。短線看當日走勢的重點，就是你必須馬上想到現在該做什麼？均價線、趨勢線、開盤價、昨收價，四個關鍵先抓到，跌破支撐就賣一趟，買回要抓高低腳。

　　至於怎麼確認第一次反彈？這有時候得考慮長均價線壓力？現在的K線型態？大盤趨勢怎麼走？掛單的狀況如何？這些東西除非你時時刻刻在盯盤，不然就需要透過回顧檢討、重新審視整個盤勢。

　　會長個人投資經驗長達25年，從加入市場起算的前面15年，我都是在輸錢的過程裡無限輪迴，直到最近10年慢慢步入正軌，無形中已經累積許多經驗，現在做股票看起來才那麼隨興。

　　在我瘋狂輸錢的那15年裡，最困擾我的2件事就是停損與凹單。

　　買股票最痛苦的就是凹單。股價不如預期就趕快閃，千萬不要想

太多，最怕你有這些想法：「我現在賣掉，會不會等一下又反彈？」「我是不是砍在最低點了？」「都虧這麼多了，乾脆加碼攤平」。在虧損發生的當下，若馬上處理，會受傷也只是小傷，不會讓你在往後的日子裡，因為帳上虧損不斷凌遲自己。不管做股票或是任何事情，會長濃縮15年來的失敗經驗，得出2個原則，現在也持續在遵守。

（1）有疑慮的股票不准抱，晚上睡得著

只要買進的個股讓我有疑慮，例如：留單讓晚上睡不著、會急著想看基本面或產業訊息，這種股票一律不留倉，馬上砍單。

（2）事情簡單化，人生要活得開心

不要讓同樣狀況一直困擾著你的人生，很多事情要懂得割捨，不管是生活或投資（停損）都一樣。舉例來說，會長有一位從小認識的朋友，他長期與我不對盤，有時候也許只是一件小誤會，你解釋了，他仍然不接受還要找你吵架，那你還需要把他放在心上嗎？不用！

想把生活變得簡單輕鬆，就不要讓同樣的狀況一直重複下去。尤其投資這件事攸關你的錢財和生活品質，在操作上更應該如此。

你明知道凹單到最後可能越輸越多、當然也有可能反彈，但大多數人並不會往壞的想，你會覺得最後輸的應該不是自己，所以你凹單、你想凹到贏。但會長就不一樣了，我經歷過15年凹單輸錢的痛，所以遇到虧損時，腦海裡只會有一種想法：「現在不賣，明天再跌一定幹死！乾脆一次全部處理掉，省得留單還要心煩。」

投資千萬要照著紀律走，因為紀律可以讓你避開可能發生的大賠。我們只需要在「紀律」框架下，修練好操作心態，學會掌握正確買賣點，讓操作更順利，這些才是你該關注並強化的。你不必浪費時間處理因凹單而輸的錢，給家人朋友交代，搞到心情一天比一天差。

股票市場之所以讓你痛苦，是因為你凹單；尊重市場給出來的訊號，就是在尊重你自己的財產。

賠錢心酸 3 階段，套牢還凹單，小輸不輸強盜即來

● 歷程 Part.1

　　會長在民國85～86年進入股市，所以遇到過太多次的崩盤，光是輸錢的經驗值就累積了不少。

　　以最近的航海王為例，停損點到了沒賣，當你開始賠錢，就會出現以下幾種症頭：第一個，你會不斷上網搜尋它的基本面、新聞面，而且每天期待有沒有最新的利多新聞，也就是俗稱的催化劑、強心針，如果沒有，就透徹地研究它過往半年或3個月內的基本面狀況、產業趨勢、市場消息。

　　不曉得各位有沒有遇過這樣的狀況？買一檔股票被套牢了，你可以用一整個早上看它的資料，然後告訴自己，股價下跌只是短期現象，即是第一天損失10％，只要撐住，未來說不定能賺5成。這種想法會開始在你心中不斷衍生。

　　但你要知道，這是因為你被套牢了，才開始充分研究。隔天開盤2種狀況：「反彈或繼續跌」，如果反彈了，你會認為自己研究的沒錯，這檔股票根本不需要緊張。結果第三天，突然跳空往下跌，昨天反彈的全被吃光，總虧損還達到15％。

● 歷程 Part.2

接下來進入心路歷程的第二階段：市場到底怎麼回事？有人說主力在出貨，為什麼？你開始不斷地想要去參加群組，然後到Youtube看一些股票相關的影片和議題，因為你想聽人家講。

第一階段即便套牢都是自己研究，第二階段會開始想聽別人講解，無論多空都好。只要有人來問會長，我回答的第一句都是問：5日線破了沒？破了就先走，找機會再買回就好了。我不會解析單一個股告訴你：應該在哪裡幹嘛，那太麻煩了。**5日線破就走，站上再買回，這是失誤率最低的模式。**

第二階段聽人講解對你到底有沒有幫助？其實，你聽完還是不會有動作的，首先你虧損已經擴大，再來你不管去網路上怎麼聽，都有多空兩派夾雜，所以第二階段就等於只是在求一個心安而已。

別人講你的持股不好，你可能只是聽一下，就把它關掉。別人講你的持股好，你可能會一直聽，想要聽他分析看法，但這有幫助嗎？沒有！所以，你到第二階段仍然不會處理你的股票。

● 歷程 Part.3

到第三階段，當股票繼續往下跌，你會開始罵，任何好消息都聽不進去，抱怨第二階段因為看了什麼頻道、聽了哪些人的分析，導致做了錯誤決定而不停損，而這時候虧損又擴大到了30％左右。

在第二階段你總會去選擇那些跟你志同道合的分析來聽，因此錯失了第二次可以停損的機會，但當你在第三階段終於要停損了，說不定短線就開始反彈。

● 小輸不輸，強盜即來

當你走到第三階段，應該告訴自己：做股票何必這麼累？早在第

一階段停損走人就好了。就像會長講的：「小輸不輸，後面強盜就會來。」從110年7月到現在，相信上述的觀念，對於套牢或輸錢的讀者來說會特別有感。

● <u>停損的重要</u>

當你買進一檔股票時，一旦實際跟預估是反向的，最好自己要有趕快離開的警覺。就像今天你要出門旅遊，天氣預報說不會下雨，結果一出門就下雨了，假設你才剛開車出去，還硬著頭皮去，最後說不定只能關在飯店旅館。如果你決定回去，還有機會思考要不要去別的地方，比如說，回來拿雨傘去百貨公司逛逛。這就是我說的，面對不如預期，要不要在第一時間做處理？這就是停損的重要性。

很多時候，沒賺到錢沒關係，即使賣完馬上噴出去，你頂多罵一下。買進後不停損、跌到底，你才是真的會痛，痛到飯也不想吃、老婆問話也魂不守舍、口氣差，動不動就想找人吵架，何必呢？到底買股票是賣完才漲上去比較嚴重，還是不停損最後砍在最低點更慘？

不要去思考賣完會不會突然漲起來，很多人不下手的原因就是不想賠錢，結果不停損反而讓你賠更多。想想看，在不想賠的這段時間裡，資產不斷流失，你要花多少力氣去關注？你還得進入讀資料、聽分析、看YT、怪別人、最後停在阿呆谷這段歷程，你覺得還有心情做其他標的嗎？

再次強調：「小輸不輸，強盜即來。」，水壩在潰堤前，一定是先從小小的裂縫開始，有裂縫不補，才會開始龜裂到整座水壩爆掉。一開始就把細節處理好，寧願判斷錯誤，也不要等局勢演變到最後，再承擔最巨大的風險。所以，停損絕對是擺在第一要務。

參透4條鐵律、選定最佳時段，尊重型態，起風時看價格與量能，有餘力再研究基本面、觀察族群、研究產業，對你的投資歷程會更有幫助。

交易本金的迷思 ───

不是因為錢多就一定賺得多，也不會因
為錢少就賺不到錢。

國家圖書館出版品預行編目 (CIP) 資料

會長領航 K 線戰法 120 張圖抓住關鍵買賣點：來自 3 萬小時的「紀律交易」，精采呈現股市輕鬆賺錢法 / Johnny 著 ; –台北市：大樂文化, 2022.05
　面 ;　公分. --（Money ; 038）

ISBN：978-986-5564-99-5（平裝）
1. 股票投資　2. 投資技術　3. 投資分析
563.53　　　　　　　　　　　　　　　　　111004060

Money 038

會長領航 K 線戰法 120 張圖抓住關鍵買賣點
來自 3 萬小時的「紀律交易」，精采呈現股市輕鬆賺錢法

作　　者／Johnny
內文協力／Cyo
封面設計／蕭壽佳
內頁排版／思　思
責任編輯／費歐娜
主　　編／皮海屏
發行專員／鄭羽希
財務經理／陳碧蘭
發行經理／高世權、呂和儒
總編輯、總經理／蔡連壽
出 版 者／大樂文化有限公司（優渥誌）
　　　　　地址：220 新北市板橋區文化路一段 268 號 18 樓之 1
　　　　　電話：（02）2258-3656
　　　　　傳真：（02）2258-3660
　　　　　詢問購書相關資訊請洽：2258-3656
　　　　　郵政劃撥帳號／50211045　戶名／大樂文化有限公司

香港發行／豐達出版發行有限公司
地址：香港柴灣永泰道 70 號柴灣工業城 2 期 1805 室
電話：852-2172 6513　傳真：852-2172 4355

法律顧問／第一國際法律事務所余淑杏律師
印　　刷／韋懋實業有限公司

出版日期／2022 年 5 月 18 日
定　　價／380 元（缺頁或損毀的書，請寄回更換）
I S B N　978-986-5564-99-5